관찰력 수업

KOKUGO NO SEISEKI WA KANSATSURYOKU DE KANARAZU NOBIRU

Copyright © 2022 Yuri Hisamatsu

Original Japanese edition published in 2022 by Kanki Publishing Inc.

This Korean edition was published by HAPPYBOOKSTOYOU in 2024 by arrangement with Kanki Publishing Inc., Tokyo

through KCC (Korea Copyright Center Inc.) Seoul.

우리 아이 문해력을 키우기 위한
가장 특별한 공부법

관찰력 수업

히사마츠 유리 지음   장지현 옮김

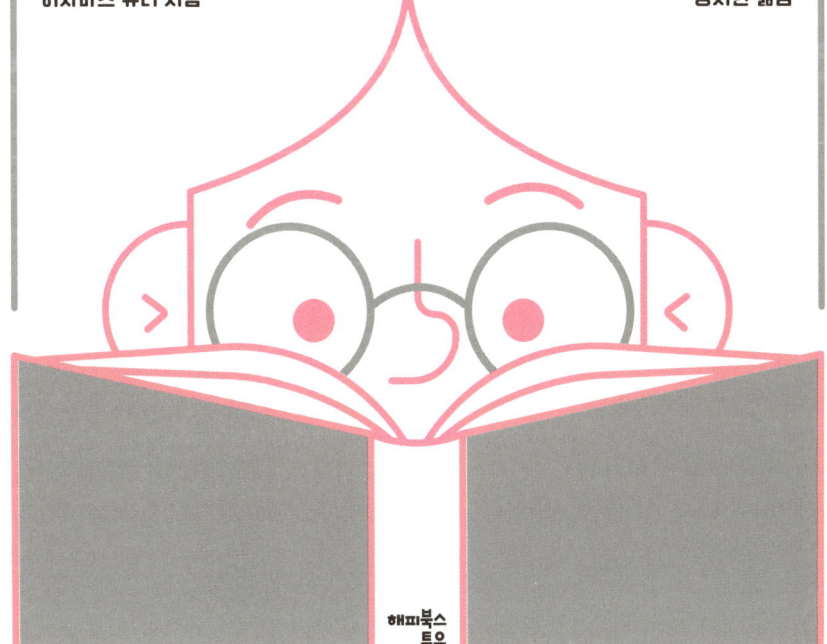

해피북스
투유

이해를 위한 최선의 수단은
무한한 자연의 작품을 많이 감상하는 것이다.

_ 레오나르도 다빈치, 이탈리아 예술가

추천사

이은경(자녀교육전문가, 〈슬기로운초등생활〉 대표)

특별하고 반가운 책을 만났다. 되도록 일찍, 조금이라도 더 많고 다양한 수업을 받게 하는 것이 입시 결과를 좌우한다고 믿는 지금의 과열된 분위기에 브레이크를 걸어줄 관점을 제시해 주는 고마운 책이다.

문해력의 출발은 '관찰'이라는 주장이다. 100퍼센트 공감한다. 관찰이라고 하는 다소 평범한 행동이 어떤 원리로 문해력 향상에 도움을 주는지, 그 문해력은 또 어떤 원리로 성적 향상에 영향을 미치는지에 관한 깊은 통찰을 담았다. 결국 성적은 속도만으로 결정되지 않기 때문이며, 초등 시기에 어떤 방식으로 어떤 경험을 했느냐에 절대적인 영향을 받기 때문이다.

주변보다 조금이라도 빠르게 키우기 위해 조바심을 내고, 아이의 속도를 과시하며, 서로의 속도를 비교하느라 지쳐가는 SNS 시대의 요즘 부모들이 속도 경쟁에서 과감히 빠져나올 수 있는 용기를 줄 의미있는 책의 출간을 진심으로 환영한다.

내 아이가 우월하고 탁월한 천재성을 발휘해 주길 기대하는 대한민국의 불안하고 조급한 모든 학부모에게 추천한다.

시작하며

최고의 문해력을 갖고 싶다면 '관찰력'을 키워라

　이탈리아 르네상스 시대의 천재, 레오나르도 다빈치는 사람의 오감 중에서도 특히 '시각'을 절대적으로 신뢰했다. 사물을 제대로 이해하기 위해서는 '관찰'이 가장 중요하다고 생각한 것이다.
　관찰의 중요성을 간파한 것은 다빈치뿐만이 아니다. 지동설을 주장한 갈릴레오도, 천재 물리학자인 아인슈타인도, 만유인력의 법칙을 발견한 뉴턴도 주의 깊게 세상을 '보았기 때문에' 방대한 지식을 얻고 새로운 발견을 할 수 있었다.
　이 책에서는 당신의 자녀가 이런 천재들과 같은 길을 걷길 바란다면 '천재들처럼 관찰안觀察眼을 가지면 된다'는 것을 알려드리려고 한다.

이 책은 '관찰력'을 키워서 최종적으로 최고의 국어 실력을 갖추는 방법에 대해 이야기하고 있지만, 그 효과는 당연히 국어에 그치지 않는다. 관찰하면서 지적 호기심이 조금씩 생겨나고 문해력과 이해력, 통찰력도 훨씬 깊어지기 때문에 공부 자체에 재미를 붙여 전 과목 성적이 오르게 된다.

내가 운영하는 국어 교실에 오시는 학부모들에게 이런 말을 많이 듣는다.

"공부하는 태도가 완전히 달려졌다고 담임 선생님께 칭찬받았어요."

"학교 선생님이 아이가 완전 다른 사람이 된 것 같은데 도대체 무슨 일이 있었냐고 물어보시더라고요."

"국어 성적이 계속 오르고 문장으로 된 수학 문제도 잘 풀어요."

"읽고 쓰는 능력이 부쩍 늘어서 어려워했던 사회, 과학 서술형 문제도 자신 있게 품니다."

"수업 들은 지 한 달 만에 국어 성적이 올랐어요. 아들의 시아가 넓어진 게 느껴져요."

"학교 실력 평가에서 처음으로 국어 1등 했어요! 국어 배우는 게 재밌다고 하더라고요."

"전국 시험에서 만점 받았어요. 성적이 오르고 있다는 게 느껴집니다."

'관찰력'을 키우는 트레이닝을 하면 아이의 성적은 극적으로 변화한다. 시각에서 얻는 정보는 사람이 받아들이는 정보의 80퍼센트를 차지하기 때문이다. 즉, 아이의 성적은 본 것을 어떻게 받아들이고 해석하느냐에 따라 크게 좌우된다는 뜻이다. '사물을 보는 견해'를 바르게 정립해 주면 아이가 보는 세상에서 왜곡과 편견이 사라지고 사물을 객관적으로, 보다 고차원적인 시점에서 이해하게 되는 것은 지극히 당연한 일 아닐까?

'최고의 관찰안'까지 생긴다면 아이들은 문해력 향상뿐만 아니라 현실의 모든 상황에서 사소한 오해나 실패를 피할 수 있다. 이 글을 쓰는 나 역시 '관찰'의 중요성을 깨닫지 못했던 젊은 시절에 많은 실수를 저질렀다.

언젠가는 처음 가본 여행지의 역에서 내리다가 객차와 플랫폼 사이에 빠져서 간신히 허리를 걸치고 있다가 역무원이 구해준 적이 있었다. 설마 객차와 플랫폼 사이에 사람 허리까지 빠질 정도의 틈이 있을 거라고는 생각도 못하고 평소처럼 발을 내디뎠던 것이다. 또 어느 날에는 계단에서 넘어질 뻔하여 순간적으로 가까이에 있는 식물을 붙잡았는데 하필 그게 선인장이어서 손에 가시가 잔뜩 박혀, 차라리 그냥 넘어질 걸 하고 후회한 적도 있었다.

이런 일들은 내가 주변을 충분히 관찰하지 않아서 생긴 비극이다. 발밑을 제대로 보고 걸었다면 플랫폼 사이에 빠져 양쪽 다리가 상처투성이가 되는 일도 없었을 것이고, 어디에 어떤 화분이 있는지 평소에 잘 봐두었다면 울면서 손바닥에 박힌 가시를 빼는 일도 없었을 것이다.

이와 같은 일들이 국어를 못하는 아이들의 '언어 세계'에서 일어나고 있다면 이해할 수 있을까? 무슨 말인가 싶어 믿기 어렵겠지만 한번 생각해 보자. '국어를 못한다'는 당신의 아이는 글도 읽을 수 있고 아마 학년에 맞는 언어 구사 능력도 갖추고 있을 것이다. 결국 책이나 문제지에서 정보를 수집하는 조건은 국어를 잘하는 아이와 아무런 차이도 없다는 뜻이다. 그런데 왜 눈앞에 있는 문장을 제대로 읽지 못할까?

그것은 '관찰력'의 차이라고 할 수밖에 없다. 눈으로 본 글자를 어떻게 파악하고 해석하느냐 하는 지각의 차이에서 비롯된 것이다.

'관찰력'을 키우면 성적 급상승은 더 이상 꿈이 아니다

11년 가까이 국어 학습을 지도하면서 국어 실력이 느는 아이와 늘지 않는 아이의 차이점이 무엇인지 관찰했다. 그 결과 실력이 늘지 않는 아이들에게서 공통적인 '읽기 습관'을 발견했다. 이후 이 읽기 습관을 고치기 위해 '관찰력' 키우기에 주력한 결과, 다른 곳에서 쉽게 볼 수 없는 놀라운 성과가 이어졌다.

학원에 다닌 지 1년도 안 돼서 국어 성적이 하위권에서 중상위권까지 오르는 경우도 종종 있었다. 초등학교 저학년부터 가르친 아이들은 국어 실력이 쑥쑥 늘어서 카이세이중학교, 구루메대학 부설 중학교, 고베여학원 중학부 등 전국에서 입학시험이 어렵기로 소문난 학교에 줄줄이 합격하고 있다. 2021년 입시에서는 가장 어렵다는 교토대학 특색입시* 2차 시험(논문·면접 시험)에서 합격자를 배출했다. 국립대학 의학부의 종합형 선발 입시에서도 100퍼센트 합격률을 보였다.

마치 꿈 같은 숫자를 달성한 것이다. 지방의 작은 국어 학원에서 이룬 이 쾌거를 보면 아이들의 국어 실력 향상에 '관찰력'이 얼마나 중요한 역할을 하는지 알 수 있다.

한편 국어는 논리력이라는 것도 이제는 정설이 되었다. 논리력이 있으면 누구나 조리 있게 파악해서 하나의 정해진 답을 낼 수 있기 때문에, 국어에서 논리력이 얼마나 중요한지는 두말할 필요가 없다.

그러나 21세기를 살아가고 있는 아이들은 어른인 우리도 경험한 적 없는 변화무쌍하고 다양한 가치관이 공존하는 사회에서 살아남아야 한다. 이런 시대에는 남들과 똑같은 상식적인 '답'을 찾는 능력보다, 나를 둘러싼 세상의 문제를 차분히 바라보고 나와 타인을 행복으로 이끄는 좀 더 독창적이고 고차원적인 '답'을 만들어내는 능력이 더 중요하지 않을까? 관찰력은 뛰어난 문해력과 논리력의 근원이자 새로운 발상을 탄생시키는 창조력의 원천이다.

---

* 교토대학이 종합적인 학습 능력과 가능성, 의욕을 갖춘 사람을 선발하기 위해 2016년부터 도입한 입시 제도. 학교장이 작성한 대회 입상 내역 등이 담긴 학업 활동 보고서 또는 추천서, 수험생이 작성한 학습 계획서로 서류 심사를 하고 논술, 구술 면접 등을 통해 인재를 선발한다.

'오감을 키워서 눈에 보이지 않는 것도 사고하라.'

이 책은 이렇게 심플한 교육 이념을 바탕으로 성장한 아이들이 어떻게 변화하고 성공을 거두었는지, 11년에 걸친 나의 시행착오에 대한 '궤적'과 제자들에게 일어난 '기적'을 고스란히 담고 있다.

또한 3장부터는 집에서도 쉽게 시도해 볼 수 있도록 관찰력을 키우는 여러 가지 실전 트레이닝 방법도 소개한다. 다음 '기적'의 주인공은 당신의 자녀가 될 수 있다. 자, 이제 심오하고 멋진 세계를 함께 '관찰'해 보자.

차례

| 시작하며 | 최고의 문해력을 갖고 싶다면 '관찰력'을 키워라   006

    '관찰력'을 키우면 성적 급상승은 더 이상 꿈이 아니다   009

1장 세상을 어떻게 보는지에 따라 아이의 인생이 달라진다

1 문해력이 부족한 아이들에게 공통적으로 나타나는 '사물을 보는 방법'   018

2 제대로 못 읽는 아이의 세 가지 '읽기 습관'   021

    문해력이 부족한 아이의 '읽기 습관' ① 띄엄띄엄 읽는 유형   022

    문해력이 부족한 아이의 '읽기 습관' ② 주관적으로 읽는 유형   023

    문해력이 부족한 아이의 '읽기 습관' ③ 글자 그대로 읽는 유형   024

3 모든 읽기 습관은 '관찰력'을 키우면 고칠 수 있다!   034

    — 세 가지 유형의 읽기 습관에 대응하는 세 가지 관찰안

2장 당신의 자녀는 왜 문해력에 어려움을 느낄까?

1 글을 이해하려면 먼저 '어휘력'이 필요하다   040

2 문해력이 좋은 아이는 의외로 '텔레비전을 좋아한다'   046

3 '읽어주기'에서 '혼자 읽기'로 바뀌는 시기가 문해력의 승부처   051

4 '공붓벌레'가 될수록 문해력은 떨어진다   057

5 다시 풀지 않아도 괜찮아! 독해 문제는 그저 체크용일 뿐   062

3장 '발견하는 눈'을 키우면 세상을 제대로 볼 수 있다

1 '발견하는 눈'을 키워서 띄엄띄엄 읽기를 고치자   070

2 본 것을 제대로 전달하기 위한 '한 문장 관찰 작문' 트레이닝   073

    STEP 1 육하원칙으로 전달하는 문장 쓰기   074

    STEP 2 차근차근 어휘를 늘리는 한 문장 관찰 작문   076

    STEP 3 계절감을 키우는 한 문장 관찰 작문   078

3 사계절의 변화를 관찰하는 '계절 그림일기' 트레이닝   081

4 주변에서 쉽게 터득할 수 있는 '오감 관찰 작문' 트레이닝　　　086

　　STEP 1　아이스크림 오감 관찰 작문　　　088

　　STEP 2　표현력과 끈기를 길러주는 동전 관찰 작문　　　093

　　오감 관찰 발견 시트

4장 '객관적인 눈'을 키우면 사고력이 향상된다

1 '객관적인 눈'을 키워서 주관적 읽기를 개선하자!　　　100

2 '고정관념'을 깨닫는 것이 객관적 시각의 첫걸음　　　110

3 주관이 강한 아이에게 '객관적인 시각'을 갖게 하는 방법　　　114

4 공간적 관점을 넓혀주는 '그림 관찰' 트레이닝　　　118

　── 다면적 시각을 갖게 해주는 방법

　　STEP 1　착시 그림 관찰 작문　　　119

　　STEP 2　〈채소 기르는 사람〉 관찰 작문　　　121

　　STEP 3　〈폴리베르제르 바〉 관찰 작문　　　124

5 시간적 관점을 넓혀주는 '비교 관찰' 트레이닝　　　127

　　THEME　비교 관찰 '옛날 여행 VS 요즘 여행' 그룹 토론　　　128

5장 '보이지 않는 것을 보는 눈'을 키우면 최고의 문해력을 갖게 된다

1 '보이지 않는 것을 보는 눈'을 키워서 글자 그대로 읽기를 개선하자!   136

2 보이지 않는 것을 추리·통찰하는 관찰 트레이닝   143
- **STEP 1** 방 주인은 어떤 사람일까?   143
- **STEP 2** 피카소의 메시지를 해석하다   147

3 보이지 않는 것을 해석하는, 최고의 문해력 만들기   151
- **THEME 1** 아이는 〈짚대 장자〉를 정말 이해했을까?   152
- **THEME 2** '산타클로스는 존재하는가?' 작문   161

| 마치며 | 사람은 무엇을 위해 배우는가   167

이봐, 역시 당신은 관찰하고 있지 않군.
그래도 보고 있긴 하지.
그 차이가 바로 내가 하고 싶은 말이야.

_ 아서 코난 도일, 영국 작가

1장

세상을 어떻게 보는지에 따라 아이의 인생이 달라진다

문해력이 부족한 아이들에게
공통적으로 나타나는 '사물을 보는 방법'

'5엔짜리 동전의 그림을 그려보세요.'

갑자기 이렇게 말하면 정확하게 5엔짜리 동전의 그림을 그릴 수 있는 사람은 거의 없다. 하루에 몇 번씩이나 들여다보는 손목시계의 문자판조차 막상 그려보라고 하면 대부분의 사람들은 머리를 싸매고 고민할 것이다.

이처럼 **우리는 평소에 주변을 자세히 보지 않는다**. 지갑을 딱 여는 순간 색깔과 모양, 크기 등 그동안의 경험에 근거해 직감적으로 '이것은 5엔짜리 동전이다' 하고 꺼내는 것이다.

만약 글을 읽을 때도 이렇게 한다면 어떨까? 분명 중요한 정보를 놓치거나 의미와 내용을 잘못 파악하게 될 것이다. 그렇기 때문에 글을 읽을 때, 특히 공부나 일에 관련된 것을 볼 때는 평소보다 더 집중해서 주의 깊게 문자 정보를 읽어야 한다.

그런데 국어를 못하는 아이, 서술형 수학 문제를 이해하지 못하는 아이들은 문장을 읽을 때 한 글자 한 글자 세심하게 주의를 기울여 보지 않는다. 우리가 시간을 알고 싶을 때 시계의 문자판 전체를 보지 않고 바늘의 위치만 쓱 확인하는 것처럼 문장을 이해하기 위해 필요한 단어만 띄엄띄엄 대충 골라 읽는 아이들이 생각보다 많다.

더 난감한 것은 대충 골라 읽은 정보를 바탕으로 '이런 내용이 겠지' 하고 마음대로 추측한다는 것이다. 한 번 그렇게 생각하면 아이에게 그 문장은 이미 자신이 해석한 대로만 읽히기 때문에 몇 번을 다시 읽어도 틀린 부분을 알아내지 못한다.

'우리 아이가 그렇다니, 못 믿겠어요!' 이렇게 생각하는 부모님도 있으시겠지만, 이것은 국어를 못하는 아이들에게 흔히 볼 수 있는 읽기 습관이다.

내가 운영하는 국어 교실에서도 눈앞에 쓰여있는 답을 전혀 알아채지 못하고 몇십 분 동안 고민하는 아이들이 꽤 있다. 너무 끙끙대며 고민해서 '여기 쓰여있잖아'라고 답이 있는 곳을 가리키면 '아! 전혀 몰랐어요' 하고 머쓱한 웃음을 짓는다. 국어를 잘하는 사람이 보면 왜 그 글자가 눈에 들어오지 않는지 의아하게 생각하겠지만, 국어 성적이 좋지 않은 아이들은 대부분 무의식적으로 이렇게 읽고 있다. 그리고 그것을 극복하지 못하면 여전히 정확히 읽는 것에 어려움을 겪는 어른이 되는 것이다.

　내가 아이들의 이런 '읽기 습관'을 알게 된 것은 지금으로부터 11년 전, 독서와 작문을 가르치는 국어 교실을 열고 반년쯤 지났을 때였다.

제대로 못 읽는 아이의
세 가지 '읽기 습관'

가르친 지 반년 정도 지나자 성과가 보이는 아이들은 작문 실력이 눈에 띄게 늘었고 국어 성적도 점점 올랐다. 그런데 똑같이 독서하고 작문을 가르쳐도, 읽고 쓰는 능력이 그다지 늘지 않는 아이, 조금 늘어도 그 이상의 수준을 넘지 못하는 아이들이 있었다.

좋다고 생각한 방법은 모조리 시도해 보고 꼼꼼히 지도하고 있는데 왜 '느는 속도'에 차이가 나는 것일까. 의문이 든 나는, 학생들에게 내 눈앞에서 '독서'를 해보라고 했다. 학생들이 도대체 어떻게 읽는지, 개개인이 글을 소화하는 방법을 찬찬히 관찰해 봐야겠다고 생각한 것이다.

학생들이 책 읽는 것을 그저 가만히 보기만 하는, 색다른 수업이었다. 아이들도 '선생님 눈앞에서 각자 독서를 해라'라니, 굉장히 특이한 학원이라고 생각했으리라. 하지만 공부하는 것보다는 쉬웠으니 모든 아이들이 기꺼이 협조해 주었다.

그리고 진지하게 몇 달간 아이들의 독서 풍경을 살펴보고 독서 후 대화와 연습을 반복하다 보니 국어를 못하는 아이는 잘하는 아이에게서 볼 수 없는 특이한 '읽기 습관'이 있다는 것을 알게 되었다.

그 '읽기 습관'은 크게 세 가지 유형으로 나눌 수 있다. 어떤 습관인지 하나씩 소개하겠다.

문해력이 부족한 아이의 '읽기 습관' ① 띄엄띄엄 읽는 유형

가장 많은 아이들에게서 볼 수 있는 습관은 '띄엄띄엄 읽는' 것이다. 말 그대로 계속 글자를 건너뛰고 띄엄띄엄 읽으니 페이지를 넘기는 속도가 남다르다. 눈 깜짝할 사이에 책 한 권을 다 읽고 나서 독서 후에 어떤 내용이었는지 알려달라고 하면 횡설수설하면서 줄거리를 제대로 말하지 못한다.

그런데도 아이들은 자신이 좋지 않은 방법으로 읽고 있다는 자각이 없다. 내 앞에서 당당하게 띄엄띄엄 읽는다는 것은 그 아이에게 그 방법이 자연스럽고, 누구나 그렇게 책을 본다고 생각하기 때문이다. 이러한 유형의 아이는 한 글자 한 글자 제대로 읽지 않을 뿐이니 의외로 간단하게 고칠 수 있다. 본인의 마음가짐에 따라 비교적 단기간에 성적을 올릴 수 있다.

문해력이 부족한 아이의 '읽기 습관' ② 주관적으로 읽는 유형

반면 '주관적 읽기'를 하는 아이들은 읽기 습관을 고치기 어렵다. 이 유형은 글자 자체를 대충 읽는 건 아니지만 문장을 조금 개성 있게 해석한다.

작가의 의도를 제대로 이해하지 못하고 나의 주관에 따라 마음대로 문장을 해석해서 읽고 싶은 대로 내용을 바꿔버리는 유형이다. 다 읽고 난 후 그 책에 대해 아이와 대화를 해보면 이 유형인지 아닌지 금방 알 수 있다.

'내용을 이렇게 다르게 이해한다고?' 하고 놀랄 수도 있지만 정말 그런 아이들이 있다. 물론 이런 유형의 아이들 역시 본인이 그렇게 하고 있다고 전혀 자각하지 못한다.

사소한 변형부터 큰 각색까지 아이마다 그 정도가 다른데, 여기서 누구나 한번은 읽어봤을 유명한 동화를 의도와 다르게 이해했던 '주관적 읽기' 사례를 하나 소개하겠다.

언젠가 《미운 오리 새끼》를 '미운 오리' 이야기가 아니라 '잘 보이지 않는 오리' 이야기라고 굳게 믿고 있는 학생이 있었다. '날개가 회색이니까 다른 오리보다 안 보였겠죠'라고 독자적으로 해석한 것이다.

처음 들었을 때 말도 안 되는 해석이라 생각하여 크게 놀랐다. 설령 제목의 의미를 오해했다 하더라도 이야기를 읽으면 앞뒤가 맞지 않는다고 깨달을 것이라고 생각했다. 하지만 그 아이는 진지하게 이렇게 말했다.

"잘 눈에 띄지 않는다고 형제들에게 괴롭힘을 당하던 오리가 또렷하게 보이는 하얀 새가 됐다는 해피엔딩의 이야기 아닌가요?"

이것은 놀라움을 넘어 독특한 감성에 박수를 쳐주고 싶은 수준이었다. 과연, 처음부터 그렇게 생각하고 읽으면 끝까지 그런 이야기라고 볼 수도 있을 것이다. 보통 그런 이상한 이야기가 명작이라고 회자될 리가 없는데, 그 '보통'이라는 척도가 사람마다 전혀 다르다는 사실을 절감했다. 이야기를 각색하는 '주관적 읽기'는 이런 식이다.

문해력이 부족한 아이의 '읽기 습관' ③ 글자 그대로 읽는 유형

자, 세 번째는 그럭저럭 국어 점수가 나오는 아이에게도 있는 읽기 습관이다.

'점수가 좋을 때도 있고 나쁠 때도 있어요. 굳이 따지면 국어는 잘하는 과목이라고 생각하는데 아무리 공부를 해도 상위권에 들지는 못해요.'

이런 유형의 아이들이 주로 가지고 있는 읽기 습관인데 이름하여 '글자 그대로 읽기'다. 명확하게 쓰여있는 것만 정보로 읽고, 속뜻을 읽어내지 못한다. 흔히 말하는 행간을 읽지 못한다는 뜻이다.

알다시피 글에는 독해에 필요한 모든 요소가 명시되어 있지는 않다. 특히 등장인물의 심정이나 필자의 메시지 등과 같이 중요한 것은 명작일수록 직접적으로 드러내지 않는 경우가 많다. 그래서 이야기를 읽을 때 단순히 글자를 따라가는 것이 아니라,

- 등장인물의 행동과 표정
- 풍경 묘사
- 대사

등을 통해 직접 드러나지 않은 정보를 읽어내지 못하면 내용을 이해하지 못한다. 게다가 초등학교 고학년이 되면 추상어로 '치환하기'와 '비유'도 늘어나기 때문에 그런 표현을 올바르게 해석하는 힘이 필요하다.

글자 그대로 읽는 습관이 있는 아이는 문장에서 글자로 명확하게 쓰여있지 않은 정보를 읽어내는 것을 어려워한다. 그래서 무언가 암시하는 글쓰기나 추상적인 표현이 나오면 갑자기 내용을 이해하지 못하거나 주인공의 심정을 읽어내지 못하게 된다.

구체적으로 어떤 장면에서 이런 일이 생길까? 미야자와 겐지의 동화 《나메토코 산의 곰》 마지막 부분을 살펴보자.

> 앞부분 줄거리

  사냥꾼인 고주로는 곰 사냥 전문가로 유명하지만 곰을 싫어하는 것은 아니다. 가족을 부양하기 위해 어쩔 수 없이 사냥을 했지만 나이가 들면서 푼돈을 벌기 위해 곰을 죽이는 일이 점점 싫어졌다. 그러던 어느 날, 고주로는 사냥을 나갔다가 나메토코 산의 곰에게 습격을 당해 죽게 된다. 다음 장면은 그로부터 3일 후 설산의 풍경이다.

> 본문

  밤나무와 하얀 눈봉우리에 둘러싸인 산 위의 평지에, 검고 커다란 것들이 둥글게 모여 저마다 검은 그림자를 드리우고 이슬람교도들이 기도할 때처럼 가만히 눈에 엎드린 채 오래도록 움직이지 않았다. 그리고 그 눈과 달빛이 비친 가장 높은 곳에는 고주로의 시체가 반쯤 걸터앉아 있는 것처럼 놓여있었다.
  그렇게 생각해서 그런 것인지, 죽어서 얼어버린 고주로의 얼굴은 마치 살아있을 때처럼 밝았고 왠지 웃고 있는 것처럼 보였다.

  아이들은 막힘없이 잘 읽었을까? 이것은 초등학교 3, 4학년 이상을 대상으로 한 동화인데 '검고 커다란 것'이 무엇을 의미하는지 해석하지 못하는 아이도 있다. 또 곰에게 죽임을 당한 고주로의 얼굴이 왜 '웃고 있는 것처럼' 보이는지 알지 못하는 아이들도 많다. 알 것 같다는 아이에게도 그 이유를 설명해 보라고 하면 명확하게 말로 설명하지 못한다.

하지만 행간을 읽을 줄 아는 아이는 이 장면을 어떻게 읽었을까?

행간을 읽을 줄 아는 아이는 '검고 커다란 것'이라고 두루뭉술하게 쓰여있더라도 그것이 '곰'이라는 것을 바로 알아채고 이 장면은 몇 마리의 곰이 모여 고주로를 추모하는 모습이라고 이해한다. 그리고 고주로의 표정에 대해서 80자 정도로 설명해 보라고 하면 아래와 같이 정리할 수 있다.

> **초등학교 6학년 남학생의 모범 답안**
> 오랫동안 곰을 죽여 생계를 유지해 온 고주로는 곰에게 미안한 마음이 있었는데, 곰에게 죽임을 당함으로써 죄책감에서 벗어나 개운해졌기 때문이다.

마지막 장면에 이르기까지 고주로의 말과 행동을 통해 곰을 죽여 살아가는 것에 대한 '죄책감'을 세대로 이해했고, 죽은 고주로의 얼굴이 '웃고 있는 것처럼 보였다'는 문장에서 ==고주로가 죽기 전에 어떤 기분이었는지(주인공의 심경 변화)를 파악한 것이다.==

글자 그대로 읽는 아이는 이러한 심경 변화 등 글에 명확하게 쓰여있지 않은 것을 상상해서 파악하지 못한다. 그래서 이야기뿐만 아니라, 만화나 시 등의 독해도 어려워한다. 만화나 시는 단어로 명확하게 설명하는 부분이 더 적어서 일반적인 문장을 읽을 때보다 스스로 생각해서 행간을 읽어야 하는 부분이 많기 때문이다.

이에 대한 예시를 자세히 들기 위해 다음 페이지의 8컷 만화, 우치다 가즈히로의 《로댕의 마음》*를 보면서 문해력이 부족한 아이가 만화를 이해하는 것이 얼마나 어려운지 살펴보자.

초등학생에게 이 만화를 보여주고 이해시키려 해도 우선 '물 뿌리기打ち水'와 '표주박'이라는 단어를 아는 아이가 많지 않아서 내용을 설명하기 어렵다. '물 뿌리기'는 길이나 마당에 물을 뿌려 온도를 낮추는 일본의 여름 풍경인데 아이가 '물 뿌리기'라는 일본 문화를 모른다면 이 만화를 제대로 이해할 수 없다. 독해에 필요한 단어를 먼저 알려주고 관찰 작문을 써보게 하자.

다음 글은 '글자 그대로 읽는' 아이(초등학교 5학년 남학생)가 쓴 관찰 작문이다.

> 어느 날, 산책 중인 한 여성과 로댕은 할머니가 집 앞에서 물 뿌리는 것을 보았다. 로댕은 할머니가 소중한 물을 버린다고 생각해서 '아까워'하고 할머니를 향해 짖었다. 하지만 할머니는 목이 말라 물을 달라고 하는 줄 알고 표주박으로 물을 떠서 로댕에게 주었다. 로댕은 할머니가 내 마음을 알아줬다고 생각하며 그 물을 마셨다.

---

* 1996년부터 2002년까지 〈아사히 신문〉과 〈주간 아사히〉에서 연재된 4컷 만화로, 대형견 로댕의 시선으로 본 인간 세상을 그리고 있다. 이후 주간지 〈AREA〉와 웹상에서도 연재되었고 단행본으로 엮어 출간되기도 했다. 국내 미출간 작품.

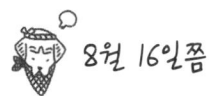

언뜻 보면 아무 문제가 없는 것 같지만 이 글은 그저 미리 알려준 단어를 써서 만화의 그림과 대사를 문장으로 바꾼 것일 뿐이다. 좀 더 높은 차원의 독해가 되지 않으니 '이 만화가 왜 재밌었어?' 하고 포인트를 물어봐도 정확하게 대답하지 못한다. 포인트를 제대로 이해했다는 것을 작문에서 드러내려면 구체적인 스토리를 기술한 다음, 이야기를 정리해서 설명하는 것이 좋다.

행간을 잘 읽는 아이들은 이러한 읽기와 쓰기가 가능하다. 도대체 무엇이 다른 걸까? 같은 만화를 읽고 행간을 읽을 줄 아는 아이(초등학교 6학년 남학생)가 쓴 글을 읽어보자.

> 어느 무더운 여름날, 할머니가 집 앞에서 물을 뿌리며 더위를 식히고 있었다. 주인과 함께 산책하다가 그곳을 지나가게 된 로댕은 자신이 어떻게 물을 썼는지 떠올리며 소중한 물을 버리다니 아깝다고 생각해 할머니를 향해 짖으며 항의했다. 하지만 할머니는 로댕이 물을 마시고 싶어한다고 착각해서 표주박으로 물을 떠서 주었다. 로댕은 할머니가 항의를 알아들었다고 오해하고 그 물을 마셨다.
>
> 할머니도 주인도 설마 로댕이 물을 아끼기 위해 짖었다고 생각하지 않았고, 로댕도 인간이 전기를 아끼기 위해 물을 뿌린다는 것을 몰랐다. 둘 다 서로의 마음을 오해했지만 결국 모두 행복해졌다.

읽은 정보를 그대로 말로 바꿨을 뿐인 앞선 작문과는 큰 차이점이 보일 것이다. 여성과 로댕은 모두 '절약 정신'이 있었지만 둘의 문화 차이 때문에 상대방에게는 그 마음이 전혀 전해지지 않는다. 개와 인간의 이런 유머러스한 티키타카가 글에서 잘 드러난다.

이처럼 행간을 읽는 아이는 읽은 것을 바탕으로 만화의 '웃음 포인트'를 정확하게 파악해서 그것을 제대로 글로 표현할 수 있다.

내친김에 하나 더, '글자 그대로 읽는' 아이가 시를 읽으면 어떨지 이야기해 보자.

문제

다음 시를 읽고, 이 시가 어떤 풍경을 묘사한 것인지 상상해서 글로 써보세요.

〈길〉

햇살이 나무 사이로 아른아른
낙엽처럼 떨어져 있던 곳

밤
물웅덩이에 별이 떨어져 있다

_《스기야마 헤이치 시 전집(상)》

이 시를 읽고 어떤 풍경이 떠오르는가? 시 표현은 되도록 말을 생략하는 데다가 비유를 많이 쓰기 때문에 '글자 그대로' 읽으면 전혀 독해를 할 수 없다.

'글자 그대로 읽는' 아이에게 이 문제를 풀어보라고 하면 '물웅덩이에 별이 떨어져 있다'는 비유 표현을 이해하지 못해서 무슨 뜻인지 고민하다가 글을 쓰지 못할 수도 있다. 그럴 때는 **무엇이 무엇을 비유하고 있는지** 설명해 주고 시인의 눈앞에 펼쳐진 풍경을 진지하게 상상해 볼 수 있도록 도와주는 것이 좋다.

초등학교 6학년 남학생의 모범 답안

이 시는 밤에 길을 나오니 낮에 햇볕이 내리쬐던 곳에 물웅덩이가 생겼다는 내용입니다. 그래서 직접 언급되진 않지만 소나기가 왔나보다 하고 상상할 수 있습니다. 어쩌면 시인은 매일 낮과 밤에 같은 길을 개와 산책하는 것일지도 모릅니다.

또 '물웅덩이에 별이 떨어져 있다'고 쓰여있으니 물웅덩이에 밤하늘의 별이 비치고 있다는 것을 알 수 있습니다. 즉 소나기가 그치고 하늘이 개어서 길 위에 아름다운 가을 하늘이 펼쳐져 있다는 것입니다.

필자의 눈은 길에 생긴 '작은 물웅덩이'를 바라보고 있지만 그 작은 물웅덩이 안에는 '광활한 우주'가 펼쳐져 있습니다. 저는 그 광경을 상상하며 물웅덩이가 마치 땅에 나타난 눈 같다고 느꼈습니다. 땅은 사람과 동물에게 밟혀도 움직일 수 없

> 으니 자유로운 하늘을 동경해서 가만히 하늘을 보고 있는 것이라고 생각합니다.

시 독해를 반복하다 보면 이 학생처럼 직접적으로 쓰여있지 않은 풍경을 상상하면서 글을 즐겁게 읽을 수 있게 된다. '쓰여있는 것을 바탕으로 그 이상의 정보를 파악하지 못하면 문장을 깊이 이해하지 못하고 흥미를 잃는다'는 사실을 깨달으면 '글자 그대로 읽기'는 점차 개선될 것이다.

모든 읽기 습관은
'관찰력'을 키우면 고칠 수 있다!

― 세 가지 유형의 읽기 습관에 대응하는 세 가지 관찰안

앞선 내용을 통해 문해력이 부족한 아이에게 반드시 어떤 '읽기 습관'이 있다는 것을 알게 되었을 것이다. 그 습관이란 크게 아래 세 가지 유형으로 나눌 수 있다.

① 띄엄띄엄 읽는 유형
② 주관적으로 읽는 유형
③ 글자 그대로 읽는 유형

이 중에서 비교적 간단하게 고칠 수 있는 '띄엄띄엄 읽기'만이 원인인 아이는 많지 않고, 대부분 두 가지 이상의 읽기 습관이 합

쳐져 이상하게 읽는 아이들이 많다.

문해력을 키우려면 먼저 아이가 어떤 읽기 습관이 있는지 제대로 확인하는 것이 중요하다. 그리고 그 습관을 고치는 트레이닝을 정확하게, 많이 해보면 재미를 느끼면서 그만큼 국어 실력도 쑥쑥 늘어날 것이다.

하지만 전문가가 아닌 이상, 아이가 어떤 유형의 읽기 습관을 갖고 있는지 정확하게 판단하기는 어렵다. 그래도 너무 걱정하지는 말자. 읽기 습관이 있는 아이에게는 어떤 공통점이 있다. 그 공통점은 바로 어떤 아이도 '관찰력을 충분히 키우지 않았다'는 것이다.

'띄엄띄엄 읽는' 아이는 눈앞에 있는 것을 놓치지 않고 제대로 보는 단순한 관찰력, 즉 '알아보는 눈'이 부족하다. '주관적으로 읽는' 아이는 자신의 생각을 고집하는 경향이 있어서 넓은 시야로 사물을 보는 '객관적인 눈'이 부족하다. '글자 그대로 읽는' 아이는 표면적인 것에만 흥미가 있고 사물의 본질을 꿰뚫어 보는 힘, '보이지 않는 것을 보는 눈'이 부족하다.

요약하면 문해력이 부족한 아이들은 정도의 차이는 있지만 대체로 관찰력이 부족하다. 사물을 제대로 보는 눈이 없는 것이다. 그렇다면 당신의 자녀가 어떤 유형인지 판단하지 않아도 '관찰력'만 키우면 틀림없이 문해력과 동시에 성적이 올라갈 것이다. 관찰력 트레이닝은 사람을 가리지 않는다. 누구나 즐겁게 실력을 키울 수 있는 '만능 트레이닝법'이다.

'수학은 퀴즈 푸는 것처럼 재미있고 풀었을 때 성취감이 있지만 국어는 그렇지 않다'고 하는 사람도 있는데 천만의 말씀. '관찰력'이 부족해서 문해력, 국어의 재미를 제대로 느끼지 못했을 뿐이다. 특히 산문 작품은 글 속에 숨겨진 '작가의 메시지'를 읽어내는 묘미가 있어서, 그것을 해석해서 작가의 의도를 발견했을 때의 희열은 어려운 수학 문제를 풀었을 때의 성취감에 뒤지지 않는다. 그러나 요즘 많은 아이들이 이런 국어의 진정한 즐거움, 재미를 유년 시절에 배우지 못하고 있다.

학교는 많은 인원이 동시에 수업을 받기 때문에 글을 제대로 읽지 못하는 아이를 한 명 한 명 붙잡고 독해를 가르치기 어렵다. 학원에서는 국어 실력 향상에 효과가 없는 독해 문제를 풀고 답 맞추기만 하는 수업을 반복하기 때문에, 제대로 책을 읽지도 못하면서 작문도 못하는 아이를 공장에서 찍어내듯 만들어내고 있다.

그 결과 지금 대학에서는 텍스트를 제대로 이해하지 못하고 리포트나 논문도 이야기하고자 하는 바를 담아내지 못하는 학생들이 넘쳐나고 있다.

모든 학습의 바탕인 '문해력'이 무너지면 이 나라에 밝은 미래는 없다. 타인의 말과 글을 올바르게 이해하고 내가 전하고자 하는 것을 말로 표현할 수 있는 힘이야말로 살아가면서 꼭 필요한 것이다. 그런데 이 나라에는 아이들에게 그 힘을 길러주려는 교육자나 보호자가 너무 적은 것 같다.

그래서 나는 문해력과 국어 실력을 '시험을 위한 도구'가 아니라 '삶을 위한 도구'로서 아이에게 길러주고 싶다는 분들을 위해 이 책을 썼다.

3장부터 구체적으로 '관찰력을 키워주는 트레이닝 방법'을 소개하겠다. 하지만 아무리 트레이닝을 해도 여러분의 학습관이 예전 그대로이거나 자녀의 생활 방식과 학습 방법이 바뀌지 않는다면 좀처럼 효과를 보기 어려울 것이다.

그래서 다음 2장에서는 트레이닝 효과를 최대한 높이기 위해 반드시 이해했으면 하는 부분에 대해 먼저 이야기하려고 한다. 당신의 자녀는 왜 이상한 읽기 습관이 생긴 것일까? 그 원인을 찾는 것부터 시작해 보자.

인생은 한 권의 책과 같다.
어리석은 사람은 대충 넘기지만
현명한 사람은 공들여 읽는다.
이 책은 딱 한 번만 읽을 수 있다는 사실을
알고 있기 때문이다.

_장 파울, 독일 작가

2장

당신의 자녀는 왜 문해력에 어려움을 느낄까?

글을 이해하려면
먼저 '어휘력'이 필요하다

관찰력을 키워 1,000피스짜리 흑백 직소 퍼즐을 어렵지 않게 맞출 수 있는 아이라도 '이것이 없으면 문해력은 절대 늘지 않는다'고 단언할 수 있다.

그것은 바로 '어휘력'이다. 울기만 하던 아기가 입이 트이면서 점점 주변 사람들에게 의사 표현을 할 수 있는 것처럼, **우리는 말과 어휘를 배울수록 자신의 기분과 생각을 더욱 능숙하게 전달할 수 있게 된다**. 그렇기 때문에 타인의 이야기를 듣거나 글을 읽을 때 어휘력이 없으면 제대로 이해하고 사고하기 어렵다. 문해력을 키우고 국어를 잘하기 위한 핵심은 얼마나 많은 어휘를 사용할 수 있느냐에 달려있다.

사실 우리도 어휘력의 중요성을 잘 알고 있으니 영어를 배울 때 필사적으로 단어 공부를 하지 않는가. 그런데 국어 실력 향상을 위해 필사적으로 어휘를 공부하려는 학생이나 학부모는 별로 없다. 즉 문해력이 부족한 아이는 '어휘력 부족'이라는 자각과 그에 대한 위기감이 없다. 단어의 의미를 모르는데 갑자기 어려운 문장을 독해할 수 있을 리 없고 사고가 깊어지는 마법을 부릴 수 있는 요술봉은 어디에도 없으니, 국어 성적을 올리려면 가장 먼저 '어휘 늘리기'에 주력해야 한다.

하지만 요 몇 년 새, 우리 아이들의 어휘력은 점점 더 떨어지고 있다. 어휘력 저하는 곧 독해력·사고력 저하로 이어지기 때문에 요즘 교과서를 읽지 못하는 아이가 급증하는 것이 심각한 문제로 대두되고 있다. 《대학에 가는 AI VS 교과서를 못 읽는 아이들》의 저자인 국립정보학연구소 교수 아라이 노리코에 따르면 초등학생의 90퍼센트가 교과서를 제대로 읽지 못하는 상태라고 한다.

설마 90퍼센트나… 하고 놀랄 수도 있겠지만 나도 국어를 가르치다 보면 글을 제대로 이해하는 아이는 겨우 10퍼센트 정도라고 느낀다. 자기 학년 교과서는커녕 3학년 정도 아래 교과서조차 제대로 읽지 못하는 아이들도 많다.

믿기지 않는다는 분들을 위해 우리 학원에서 실제로 있었던 일을 소개하겠다. 이 사례를 보면 우리 아이들의 어휘력이 심각한 위기에 처해 있다는 사실을 이해하게 될 것이다.

> **학원의 사례(초등학생의 경우)**
> - 컵에 들어있는 차가운 것에 '얼음'이라는 이름이 있는 줄 모른다.
> - 코에서 나오는 것이 '기침', 입에서 나오는 것이 '재채기'라고 생각한다.
> - 장식물이나 사진을 봐도 '개'와 '소'를 구분하지 못한다.
> - 도감에서 '호수'를 본 다음부터 비 온 뒤 생긴 물웅덩이를 '호수'라고 생각한다.
> - '생년월일 알려줘'라는 말의 의미를 모른다.
> - 일본인을 '백인'이라고 알고 있다.

덧붙이자면 '병따개', '장롱', '효자손', '뒤주', '재갈' 같은 단어도 요즘 아이들은 당연히 모른다. 물론 '오프너', '행거'처럼 영어로 말하면 알아들을 수 있는 것도 있지만 말이다.

이것은 결코 몇몇 특이한 아이들의 이야기가 아니다. 전반적으로 '우리말이 통하지 않는 아이'가 늘어나고 있다. 어쩌면 부모인 당신이 알아채지 못했을 뿐, 당신의 자녀도 '교과서를 읽지 못하는 아이' 중 하나일 수도 있다. 왜냐하면 어휘력이 부족한 아이는 대체로 그 사실을 깨닫지 못하니 부모에게 힘들다고 토로하는 일이 거의 없기 때문이다.

애초에 어휘력이 부족한 아이는 평소에 적은 어휘로도 생활할 수 있는 환경에 놓여있기 때문에 일상생활에서 말 때문에 불편함을 느낀 적이 없다. 더구나 요즘 아이들은 마치 직장에 나가는 어른들처럼 집과 학교, 학원만 병행하느라 집에서는 밥, 샤워, 잠만 겨우 해결할 뿐, 부모님과 대화할 시간도 많지 않다고 한다. 항상 이것저것 배우느라 바쁜 남학생 A군에게 집에서 얼마나 대화하는지 물으니, 별로 말하지 않는 날은 이 정도 대화로 하루가 끝난다고 한다.

"밥 먹으렴."

"네."

"씻었니?"

"아직이요."

"얼른 자야지."

"안녕히 주무세요."

정확하게 밥, 샤워, 잠이다!

최근 맞벌이 가정이 늘어나면서 부모가 다 바쁘니 아이와 차분하게 마주 앉아 함께 시간을 보내기가 어려워졌다. 게다가 스마트폰이나 게임기 등이 있으니 부모와 자녀가 대화하는 시간은 점점 줄어들 수밖에 없다.

2018년 에자키 글리코*가 '유치원생 또는 초등학생 자녀가 있는 20~40대 엄마 500명'을 대상으로 진행한 설문조사를 보면, '아이와 한 공간에 같이 있어도 스마트폰을 본 적이 있다'고 답한 엄마가 84퍼센트였다. 많은 어머니들이 스마트폰 때문에 '아이와 대

---

* 포키 등을 판매하는 일본의 대형 제과 회사.

화가 줄었다'고 느꼈으며, 아이와 대화하는 시간은 '하루 30분 이상 1시간 미만'이 28퍼센트로 가장 많았다. '30분도 안 된다'고 답한 사람도 무려 20퍼센트가 넘었다.

그렇다면 가정 내 일상 대화를 통해 충분한 어휘력을 습득하지 못한 아이들은 살아남기 위해 어떻게 '말'을 익힐까? 그런 아이들은 주변 사람들의 대화를 듣거나 행동 패턴을 보면서 스스로 뇌에 '나만의 사전'을 만들면서 성장한다.

'모르는 말이 있으면 물어보거나 사전을 찾아보면 되지 않을까?'라고 생각할 수 있지만 그것은 어휘력이 있는 사람에게 해당된다. 어휘력이 부족한 아이에게는 애초에 사전을 찾는 습관이 없다. 사전을 찾더라도 설명문을 이해하지 못한다. 그러니 자신의 경험에만 의지하여 '이 말은 이런 뜻이구나' 하고 추측해서 나만의 사전을 만들 수밖에 없는 것이다. 그렇게 나만의 사전을 만든 아이는 안타깝게도 '잘못된 의미'로 세상을 해석할 확률이 높아진다.

유사한 사례를 학원에서 접한 적이 있다. 어느 날, 한 여학생과 '질투하다'라는 말에 대해 이야기를 나누고 있었는데 옆에서 듣고 있던 남학생이 깜짝 놀라며 이렇게 말했다.

"엇, 질투한다는 건 좋은 뜻 아닌가요?"

차근차근 이야기를 나눠보니 그 아이는 어렸을 때 '질투하다'의 의미를 잘못 배운 것 같았다. 친구가 "A가 B를 질투하는 것 같아." 같은 이야기를 할 때마다 'A는 B를 좋아하는구나'라고 생각했다는 것이다. 그 학생은 '질투하다'는 말의 올바른 의미를 알게 된 그날, 자신을 둘러싼 인간관계가 완전히 다르게 보이는 경험을 했을 것이다. 내가 만든 사전이 오류투성이라는 것을 알게 된 그는 하루에 국어사전 한 장씩 읽으려고 노력하는 사람으로 바뀌었다. 그리고 그 습관이 계속 이어져 지금은 의대에 진학하기 위해 열심히 공부하고 있다.

옛날 아이들은 부모 곁에서 빨래터 수다나 긴 전화 통화를 듣거나 이웃집 어른들과 시시콜콜한 대화를 나누면서 언어 사용법과 의사소통 방법을 배웠다. 하지만 요즘 어른들의 대화는 이메일이나 SNS로 끝난다. 아이는 낯선 사람과 대화하면 안 되고 텔레비전은 교육에 좋지 않다고 생각해서 못 보게 하기 때문에 어른들의 대화를 들을 기회가 거의 없다.

이런 상황에서 아이들은 도대체 언제 어디서 재치 있는 우리말을 배울 수 있을까? 먼저 부모들은 **아무리 좋은 학교, 학원에서도 우리말을 단어부터 가르쳐주는 곳은 없다**는 사실을 알아야 한다. 영어라면 학교나 학원에서 단어부터 가르치지만 국어는 어느 정도 어휘력을 갖추고 있다는 것을 전제로 모든 수업을 진행한다. 그러니 **가정에서 어휘를 익히지 못한 아이는 학교에서든 학원에서든 학습 초기 단계부터 좌절하게 된다.**

단어 학습도 제대로 되지 않은 아이를 학원에 보내다니 그야말로 주객전도다. 학습 순서가 잘못된 채 수험 공부를 시작한다면 좋은 결과가 나올 리 없다.

문해력이 좋은 아이는 의외로 '텔레비전을 좋아한다'

학원에서 어휘력이 부족하거나 이해력이 떨어지는 아이에게 '텔레비전 자주 보니?' 하고 물으면 대부분 '집에 텔레비전이 없어요', '엄마가 잘 안 보여줘요' 둘 중 하나의 대답이 나온다.

교육에 좋지 않아서 아이에게 텔레비전을 보여주지 않는다는 분들이 종종 있는데 나는 텔레비전이 박학다식하고 똑똑한 아이로 키우기 위해 없어서는 안 될 도구라고 생각한다.

사람은 한 번도 보거나 듣지 않은 것에 대해 다른 사람과 이미지를 공유할 수 없다. 우리가 한 번도 본 적 없는 용이나 천사의 모습을 대략적인 이미지로 떠올릴 수 있는 것은 어디선가 용이나 천사 그림 또는 형상을 본 적이 있기 때문이다.

결국 책이나 대화 중에 내가 보고 들은 적 없는 생소한 것이 나오면 사람은 그 글이나 이야기 내용을 제대로 이해하지 못하게 된다.

예를 들어 한 번도 시대극을 접해 본 적 없는 아이가 역사 소설을 읽으면 무사의 차림새나 전투 장면을 상상할 수도 없다. 옛날 말투도 들어본 적 없기 때문에 당연히 고전도 어려워한다. 또 형사물을 본 적 없는 아이가 추리 소설을 읽는다면 지문이나 발자국을 채취하는 감식 장면을 상상조차 할 수 없을 것이다. 책은 방 안에서 다른 문화를 간접 체험할 수 있다는 매력이 있다지만, 이슬람 문화를 한 번도 본 적 아이가 과연 《아라비안 나이트》 책의 장면을 생생하게 떠올리며 이야기 속 세계를 즐길 수 있을까.

결국 아무리 책을 읽히고 좋은 강의를 듣게 해도, 아이가 책에 있는 내용이나 상대방이 말하는 것을 머릿속에서 이미지화 하지 못한다면 효과가 미비해진다고 볼 수 있다.

재밌게도 독해 실력이 좋은 아이들에게 물어봤을 때 공통적으로 집에서 부모님이 텔레비전을 못 보게 한 적이 없다고 한다. 즉 문해력과 이해력이 좋은 아이들은 '원할 때 원하는 만큼 자유롭게 텔레비전 보는 것이 가능한 환경에 있다'는 것이다. 이것은 지난 11년간 대부분의 학원생들에게 물어본 결과를 기반으로 하고 있어, 예외적인 부분들이 있을 수는 있으나 텔레비전이 어휘력과 이해력 증진에 중요한 역할을 하고 있다고 증명하는 바이다.

미국 스탠퍼드대학 매튜 겐츠코우 교수진이 실시한 '아이에게 텔레비전을 보여주면 성적이 떨어질까'라는 조사에서도 어릴 때 텔레비전을 보여준 가정(하루 평균 3시간 반 정도의 꽤 긴 시청 시간)과 보지 않는 가정의 자녀의 초등학교 입학 후 성적을 비교해 보니 텔레비전을 시청하는 아이가 0.02퍼센트 높았다고 한다. 여기에는 이과 계열 과목의 성적도 포함되어 있으니 약간의 차이는 있겠지만 문과 계열 과목으로만 비교한다면 조금 더 확실한 차이가 나타날 수도 있다.

그러니 자녀에게 '어떤 책이든 소화하는 힘', '학교나 학원 수업을 제대로 깊이 이해하는 힘'을 키우게 하고 싶다면 우선 텔레비전을 이용해서라도 세상의 모든 것을 보고 듣게 하는 것이 좋다. 물론 오감을 써서 실제로 체험하는 것이 가장 이상적이고 완벽한 방법이다. 하지만 이는 생각보다 시간도 돈도 너무 많이 든다는 문제가 있다.

　이런 말을 하면 '예능이나 개그 프로그램은 시답잖은 얘기만 하니까 안 보게 하는 게 좋겠죠? 뉴스만 보여주면 될까요?' 하고 볼 수 있는 방송을 제한하려는 분들이 많은데, 옛날처럼 정보가 적은 세상이라면 몰라도 정보가 넘쳐나는 현대사회에서 부모가 지나치게 제한하려고 하면 자녀의 미디어 리터러시*를 키울 수 없다.

　잘 나가는 개그맨들의 말솜씨와 유머 감각을 보면서도 충분히 배울 점이 있다. 그리고 애초에 자녀에게 무엇이 도움이 되고 어떤 것이 시답잖은지는 아이의 인생 목표에 따라 완전히 달라진다.

　올림픽을 보고 운동선수가 되고 싶은 아이가 있는 것처럼 '쇼우텐笑点'**을 보고 개그맨을 꿈꾸는 아이가 나올 수도 있고, 애니메이션을 보고 만화가가 되고 싶은 아이가 있을 수도 있고, 어쩌면 원예 방송을 보고 정원사가 되려는 아이도 있을지도 모른다. 아이의 재능은 천차만별이기 때문에 무엇을 보고 어떤 자극을 받을지 부모도 모르고 아무도 모른다.

　아이는 모든 정보를 접하고 나서야 비로소 좋은지 싫은지 스스로 판단하고 취사선택하게 된다. 그렇게 조금씩 그 정보가 진짜인

---

* 다양한 매체를 이해할 수 있는 능력이며, 다양한 형태의 메시지에 접근하여 메시지를 분석하고 평가하고 의사소통할 수 있는 능력이다.
** 1966년부터 현재까지 매주 일요일 저녁 니혼TV에서 방영 중인 연예 버라이어티 프로그램.

지 거짓인지, 저속한 것인지, 필요하고 도움이 될만한 것인지 가려낼 수 있는 힘을 키워간다.

나는 딸이 어렸을 때 거실 텔레비전에 대부분 NHK 방송을 켜두었는데 다도를 배운 적도 없는 아이가 거즈 수건을 찻그릇 닦는 다건茶巾이라고 생각해서 접어두거나, 찻잔을 닦고 차를 내리며 노는 것을 보고 놀란 적이 있다. 그 후에도 딸은 텔레비전의 영향을 받아 젓가락을 흔들며 교향악단 지휘자를 흉내 내기도 했고, 클래식 발레에 관심이 생겨 발레를 배우기도 했으며 취미로 서정시와 시조를 짓기도 했다. 집에서 최고의 강사진에게 모든 분야의 지식을 배울 수 있어서 텔레비전이 육아에 정말 큰 도움이 되었다고 생각한다.

교육에 열정적인 부모들은 자칫 텔레비전을 나쁘게 생각하기 쉽지만, 조금만 관점을 바꿔보면 세상에 있는 모든 일들을 보여주고 설명까지 해주는 아주 유용한 '움직이는 백과사전'이다.

독서만 한다면 아무래도 좋아하는 분야의 책만 읽게 되어서 지식이 편중되기 쉽다. 오히려 문자 정보만으로 문해력을 키우고 국어 실력을 높이기는 어려우니 텔레비전이나 인터넷을 든든한 아군이라고 생각하고 잘 활용해 보자.

'읽어주기'에서 '혼자 읽기'로
바뀌는 시기가 문해력의 승부처

충분한 일상 대화와 책 읽어주기, 텔레비전 시청 등을 통해 수많은 언어를 듣고 자란 아이는 초등학교에 들어갈 즈음에는 풍부한 어휘력과 이해력을 갖추고 있을 것이다. 이런 아이는 초등학교 2학년 여름 무렵에 자연스럽게 '혼자 읽기(묵독)'를 할 수 있게 된다.

생일이 늦거나 언어 발달이 조금 느린 것 같다면 조급하게 혼자 읽기를 시킬 필요는 없고 언어가 늘 때까지 천천히 책을 읽어주면 된다.

"초등학교 2학년 여름? 우리 아이는 더 어렸을 때부터 혼자 읽고 있는데요…."

이런 집들도 꽤 많을 것이다. 하지만 글자를 읽을 수 있는 것과

<mark>이야기의 의미, 내용을 이해할 수 있는 것은 전혀 다르기 때문에, 아이가 글을 읽을 수 있더라도 안이하게 혼자 읽기로 넘어가는 것은 추천하지 않는다.</mark> 사실 '언제 혼자 읽기를 시킬지'에 대한 시기의 판단이 차후 자녀의 문해력 실력에 큰 영향을 미친다.

 우리 학원에서는 초등학교 1학년부터 3학년이 다니는 프라이머리 반이 있다. 글을 읽고 쓸 수 있는 것이 입실 조건이라 당연히 프라이머리 반의 학생들은 모두 그림책에 있는 글을 혼자 읽을 수 있다.

 그 반에서 하마다 히로스케의 명작 동화 《울어버린 빨간 도깨비》를 읽어줄 때 있었던 일이다. 이야기 중간에 한 초등학교 2학년 남자아이가 "왜 파란 도깨비가 나쁜 척했는지 모르겠어요."라고 말하기 시작했다. 요즘 아이들은 여러 명이 모여 바깥에서 놀 기회가 적고, 모이더라도 말없이 게임만 할 정도로 인간관계가 얕은 경향이 있다. 친구를 위해 일부러 악역을 자청하는 우정을 이해하지 못하는 것 같았다.

 그래서 그 학생에게 파란 도깨비의 마음을 설명해 주고 한 번에 끝까지 읽게 하고 나서 이번에는 "파란 도깨비는 왜 여행을 떠났을까?" 하고 질문을 던졌다.

 《울어버린 빨간 도깨비》의 내용을 모르는 분들을 위해 설명하자면, 이 이야기는 인간과 친해지고 싶은 빨간 도깨비와 마음씨 좋은 파란 도깨비의 감동적인 우정에 대해 담고 있다. 사람들이 빨간 도깨비를 좋게 생각할 수 있도록 친구인 파란 도깨비가 일부러 마을에서 소란을 일으키고 그때 빨간 도깨비가 멋지게 나타나서 마을 사람들을 구해주었다. 덕분에 빨간 도깨비는 마을 사람들과 친해졌지만, 친구인 파란 도깨비는 그 이후로 한 번도 빨간 도깨비를 만나러 오지 않았다. 빨간 도깨비가 산속 파란 도깨비 집까지 찾아갔지만 문 앞에는 '여행을 떠난다'고 적힌 파란 도깨비의 편지만 붙어있었다. 여기서 파란 도깨비의 편지는 눈물 없이 읽을 수 없는 내용을 담고 있다. 그런데도 아이들은 필사적으로 눈물을 참으며 읽는 내가 신기하다는 듯 눈을 끔벅이며 보고 있는 것이 아닌가. 나는 답답한 마음에 파란 도깨비의 솔직한 심정을 아이들의 인간관계에 빗대어 차근차근 설명해 주었다.

그러고 나서 처음부터 다시 읽었더니 어떤 일이 벌어졌을까. 처음에 파란 도깨비에 대해 질문했던 2학년 남학생은 눈물이 그렁그렁해서 "선생님, 이거 너무 좋은 이야기네요."라고 말했다.

나는 그날 아이들에게 읽어주기의 비법을 새롭게 배운 것 같은 느낌이 들었다. 그 이후 나는 아이들에게 책을 읽어줄 때 반드시 질문을 던지고 대화도 하면서 이야기를 따라오지 못하는 아이가 없는지 확인하고 있다.

집중해서 듣는 아이도 있으니 해설이 필요 없는 아이는 끝까지 한 번에 읽어주고, 다 읽은 다음에 차분히 대화하는 시간을 갖는 것이 좋다.

여기서 중요한 점은 '읽어주기'는 읽기만 해서는 안 된다는 것이다.

"주인공은 왜 그런 행동을 했을까?"

"너라면 이럴 때 어떻게 했을 것 같아?"

이와 같은 다양한 질문을 던져 한 권 한 권 더 깊게 이해할 수 있도록 이끌어 주는 것. 그것이 아홉 살 이후 아이들의 독해력을 확 끌어올리는 비결이다.

생각보다 이 2학년 남학생처럼 모르는 것을 '모른다'고 말하고 질문할 수 있는 아이는 드물다. 대부분은 부끄러워하거나 흥미가 없어서 질문하지 않고 어휘나 상황을 몰라도 이해한 척하며 이야기를 듣고 있곤 한다.

아는 아이일수록 질문이 많고, 모르는 아이는 수동적으로 그저 조용히 듣고 있는 것은 어느 수업이나 똑같은 것 같다. **모르는데 아는 것처럼 보이는 조용한 아이들이 혼자 읽기로 넘어가도록 두면 '세 가지 읽기 습관 예비군'이 된다.**

글자는 읽을 수 있지만 문장의 의미를 잘 모르는 상태에서 '혼자 읽기'를 하게 되면 당연히 책 읽기가 점점 재미없게 느껴진다. 그렇게 되면 이 단계에서는 의미를 아는 상태를 경험한 적이 없으니 아직 자신이 책을 못 읽는다는 것조차 알지 못한다. 책을 읽는 자세를 취하면 부모가 좋아하고 책을 읽고 있는 똑똑한 내 모습도 좋아 보이니 **아무 생각 없이 무의미한 읽는 척을 하다 보면 어느새 '띄엄띄엄 읽기', '주관적으로 읽기', '글자 그대로 읽기' 같은 잘못된 읽기 습관이 몸에 배는 것이다.**

그렇다면 언제 아이가 혼자 읽을 수 있도록 부모가 손을 떼야 할까? '읽어주기'에서 '혼자 읽기'로 옮겨가는 시기를 제대로 판별하는 것이 중요하다. 슬슬 혼자 읽기를 해봐도 될까 하는 생각이 들면 제대로 읽을 수 있는지 테스트 해보자. 방법은 이렇다.

그림책의 가장 재미있는 부분까지 읽어주고 다음 이야기가 궁금해서 참을 수 없는 부분에서 책을 내려놓고, '잠깐 할 일 있으니 여기부터는 스스로 읽어보렴' 하고 방을 나간다. 그때 나가면서 '어떤 이야기였는지 나중에 알려줄래?'라고 말해두자.

그리고 나중에 어떤 스토리였는지 말해달라고 하는 것이다. 정확하게 이야기의 흐름을 설명할 수 있고 주인공의 심정 등 몇 가지 질문에 제대로 대답한다면 이제 '혼자 읽을 수 있다'고 볼 수 있다.

그다음부터는 혼자 읽는 부분을 조금씩 늘려서 그림책 한 권 분량의 이야기를 잘 설명할 수 있다면 오롯이 혼자 읽기로 넘어가도 괜찮다.

횡설수설하면서 이야기를 잘 설명하지 못한다거나 등장인물의 심정을 파악하지 못하는 경우에는 아직 혼자 읽기는 조금 이르다. 당분간 충분한 시간을 들여 읽어주기와 대화를 지속하자.

'읽어주기'에 대해 한 가지 더 주의해야 할 것이 있다. 드라마에서 아이를 재우기 위해 그림책을 읽고 몇 페이지 정도 읽으면 아이가 잠드는 장면을 자주 볼 수 있을 것이다. 그것은 어디까지나 드라마의 한 장면이니 제발 실생활에서는 그렇게 읽어주지 않기를 바란다.

예전에 매일 밤 엄마가 책을 읽어주다가 잠들어서 전래 동화의 결말을 들어본 적이 없다는 아이가 있었는데, 문해력과 국어 문제 때문에 얼마나 고생했는지 말할 필요도 없다.

정직한 할아버지가 행복해지고 거짓말쟁이 할아버지가 벌을 받는다는 결말이 있기 때문에 아이들의 도덕관념과 논리력이 키워지는 것이다. 이야기는 끝까지 제대로 읽어주도록 하자.

'공붓벌레'가 될수록
문해력은 떨어진다

 9세까지 학년에 맞는 책을 제대로 읽을 수 있는 문해력을 갖춘 아이는 10세 이후 진정한 지혜를 기르는 '남독기濫讀期'에 들어간다. 이 시기에는 SF부터 전기, 추리소설, 논픽션 등 모든 장르의 양서를 닥치는 대로 보여주자. 좋은 책을 고르기가 어렵다면 오래전부터 명작이라고 평가받는 책을 주면 좋다.
 아이는 머지않아 남독을 통해 방대한 지식들을 조합하여 다른 사람들이 생각하지 못한 새로운 아이디어를 만들 수 있게 된다. 입학시험이 어렵기로 소문난 학교에 합격한 아이들은 초등학교 고학년 정도에 《고지키古事記》*나 《그리스 신화》, 《성경》 등 문학의 밑바탕이 되는 사상을 이해하는 데에 꼭 필요하고 읽기 어려운 양서를 공들여 읽는 경우가 많다.

내가 아이들을 가르치는 학원에서는 '하루 30분 독서'를 유일한 숙제로 내주고, 연간 100권 읽기를 목표로 하고 있다.

그런데 본격적인 수험기에 접어들면서 암기식 공부에 쫓겨 독서를 멀리하거나 독서량을 극단적으로 줄인 아이는 모두 하나같이 사고력이 저하되고 국어 성적이 눈에 띄게 떨어진다. 그런 아이들은 으레 '수험 기간에 독서 같은 걸 할 여유가 없어요'라고 변명을 늘어놓는다.

하지만 성적을 올리기 위해 암기식 공부에 매달릴수록 사고력과 독해력이 떨어져서 주요 과목인 국어 성적은 물론이고, 다른 과목에서도 문제를 잘못 파악해서 실수가 눈에 띄게 늘어난다. 눈에 생기를 잃고 퀭해지는 것도 이런 아이들의 특징이다.

이것은 주로 초등학교 6학년 여름방학부터 시작되어 오랫동안 수험 공부를 강요당한 아이가 빠지는 '함정'으로, 심할 경우 완전히 소진되어 중학교 입학 후 학습 의욕을 잃게 되는 아이도 있다.

이런 아이를 원래대로 생기 넘치고 공부에 관심을 갖게 바뀌도록 하는 특효약이 바로 '독서'와 '야외활동'이다. 내가 뇌과학 전문가는 아니지만 책을 읽을 때 뇌가 얼마나 활발히 움직이는지는 수많은 자료들이 이미 입증하고 있다. 눈으로 본 문자 정보를 순식

---

* 고대 일본의 신화와 전설, 천황의 계보와 역사를 기록한 일본 최고最古의 문헌. 우리나라의 삼국유사, 삼국사기와 비슷하다고 보면 된다.

간에 머릿속에서 영상으로 변환하려면 방대한 기억의 바다에서 책에 나오는 사건과 가장 비슷한 '과거 경험'을 순식간에 끄집어내야 한다. 왜냐하면 우리는 한 번도 보고 들은 적 없는 것을 머릿속에서 영상화할 수 없기 때문이다.

즉, 우리는 독서를 하는 동안 기억을 총동원하여 끊임없이 문자 정보를 영상화하고 그 영상에 소리나 냄새, 맛을 덧붙이고 촉감을 떠올려서 책을 즐긴다. 게다가 머릿속에서 그 영상을 영화처럼 움직이게 함으로써 직접적으로 쓰여있지 않은 정보, '행간'까지 통찰력을 사용하여 읽어내니 대단하지 않은가.

아이의 뇌에 한 번에 이만큼 고차원적인 기능을 하게 하는 것은 '독서' 말고는 찾기 어렵다. 바쁜 수험 시기라서 읽지 못하는 상태로 두는 것이 아니라, 오히려 암기 위주로 공부하는 수험기니까 뇌에 '책'이라는 영양제를 주는 것이 효율적으로 뇌의 기능을 높일 수 있다.

또 아이가 공부에 지쳤거나 과부화 상태라고 느껴질 때는 자연으로 데리고 가 마음껏 놀게 해주자. 지친 두뇌와 마음이 활성화되고 공부할 의욕을 되살리는 데에 도움이 된다.

그렇다면 왜 '공붓벌레'가 되면 문해력과 국어력이 떨어지는지에 대해서도 설명해 보겠다. 원래 수험 공부라는 것은 언제까지, 어느 단원까지라고 커리큘럼이 정해져 있어서 하나하나 아이들이 깊게 생각하게 두면 예정대로 수업을 진행할 수 없다. 그래서 일단 차분하게 깊이 사고하는 것을 멈추고, 오로지 지식과 스킬을

익혀 효율적으로 활용할 수 있는 '암기 훈련', '정보 처리 훈련'을 아이들에게 강요하는 것이다.

그런데 그런 훈련을 과도하게 반복하면 그 사이에 거의 쓰지 않는 아이들의 창조적·비판적 사고력은 급격하게 떨어진다. 그렇게 되면 갑자기 잘하던 간단한 요약이나 작문도 못하는 등 문해력이 떨어지게 되고 국어 과목을 시작으로 눈에 띄는 여러 가지 변화가 일어난다. 아이의 뇌는 아직 성숙하지 않기 때문에 무의식중에 자주 사용하는 반사적 사고 회로(데이터 처리 회로)만 강화하게 되는 것이다.

정확성과 속도가 요구되는 계산 연습이나 체험이 필요하지 않은 책상 앞 암기 공부는 '왜?', '어째서?'라는 의문을 품고 상상력을 키울 수 있는 여지가 없다. 그렇기 때문에 다른 공부를 통해 계산 능력이나 지식은 익혔을지 몰라도 인생에서 성공하기 위해 중요한 호기심이나 비판적 시각, 새로운 것을 만들어내는 크리에이티브 능력은 키워지기 어렵다.

세상이 IT화되기 전이라면 암기와 정보 처리 능력이 뛰어난 로봇 같은 인간이 효용 가치가 있었을 것이다. 하지만 지금은 21세기다. 누구나 스마트폰이나 태블릿PC를 가지고 다니는 시대다. 아이의 두뇌를 아무리 AI화한다 해도 암기·정보 처리 능력에서 AI를 이길 수는 없다. 앞으로의 시대는 IT 기기나 로봇이 흉내 낼 수 없는, 인간만이 가질 수 있는 능력을 키운 아이가 풍요로운 인생을 살 수 있을 것이다.

21세기, 자녀의 장래를 크게 좌우할 힘은 암기 위주의 주입식 공부로 얻을 수 없는 비판적, 창조적, 철학적 사고력과 독해력, 의사소통 능력이다.

그리고 그 모든 힘의 원천이 바로 '관찰력'이다.

다시 풀지 않아도 괜찮아!
독해 문제는 그저 체크용일 뿐

 마지막으로 한 가지 더, 문해력이 좋지 못한 아이가 주로 하고, 문해력이 좋은 아이가 거의 하지 않는 행동에 대해 소개하겠다.
 문해력이 부족하고 국어를 못하는 아이들이 독서도 하지 않고 죽기 살기로 매달리는 것이 바로 '독해 문제 풀기'라는 공부법이다. 그중에는 모의고사나 다른 시험에서 이미 한 번 풀었던 장문 독해 문제를 다시 푸는 '시간 낭비'를 하는 아이도 적지 않다.
 먼저 독해 문제를 풀고 답을 맞춰본들 독해력이 향상되거나 국어 성적이 오르지는 않는다는 것을 알아야 한다. 책의 일부분이라도 좋은 문장을 접할 수 있으니 학생 본인도 독해 문제를 풀면 뿌듯함을 느끼고 부모 역시 공부시켰다는 기분이 드는 것도 모르는 바는 아니다. 하지만 독해 문제는 애초에 문해력이나 국어 실력을 높이기 위한 것이 아니라 자녀의 국어 실력을 점검하고 점수를 매기기 위한 '국어 실력 체크 시트'일 뿐이다.

그러니 문제를 많이 풀어도 국어 실력을 높이는 효과는 그다지 기대할 수 없다. 시력이 떨어졌다고 매일 안과에 가서 시력 검사를 해봤자 시력이 회복되지 않는 것과 같은 이치다. 시력을 회복하려면 시력 회복 트레이닝을 해야 하듯, 독해력을 키우고 국어 성적을 올리고 싶다면 '검사'가 아니라 '국어 두뇌 트레이닝'을 해야 한다.

생각해 보자. 아이를 테니스 시합에 내보내려면 먼저 라켓 잡는 법, 스윙, 규칙을 가르치고 근력 운동을 시킬 것이다. 그런데 많은 부모들이 자녀가 모의고사나 시험 같은 '시합'을 치르는데 글을 읽고 쓰는 법을 가르치지 않고, 규칙(문법이나 논리)도 모르고 국어 두뇌 트레이닝도 하지 않은 채 이기고 오라고 등 떠미는 꼴이다. 근력 운동도 안 하고 규칙도 모르는데 계속 시합에 나간다 하더라도 이길 수 있을 리가 없다.

배움의 순서가 바뀐 것이다. 그러니 아이는 시합 때마다 너덜너덜해지고 열등감만 생겨서 점점 더 국어를 싫어하게 된다.

독해 문제의 점수나 등수로 타인과 경쟁하고 위축되기 전에 관찰력을 키우고 풍부한 어휘력을 갖추어 독서와 작문으로 올바른 독해력과 문장력을 기르게 해야 한다.

우리 학원에서는 먼저 뒤틀린 학습 순서를 바로잡기 위해 나이를 불문하고 자녀의 국어 실력에 맞는 '관찰력 트레이닝', '어휘력 트레이닝' 등 국어 두뇌 개발부터 시작한다.

그러다 보면 학생들 중에는 학습 순서를 이해하지 못하고, '더 어려운 것을 했으면 좋겠다', '수험생이니 기출 문제나 독해 문제를 더 많이 풀었으면 좋겠다' 하고 학원을 그만두는 사람도 있다.

하지만 막상 모의고사나 입시 때가 되면 입시 학원에서 어려운 기출 문제나 독해 문제를 많이 풀어본 아이들보다 우리 학원에서 트레이닝 받은 아이들이 압도적으로 성적이 좋고 입시 합격률도 높다.

공부만 하는 아이들이 가지지 못한, 뛰어난 관찰력과 사고력, 창의력, 표현력 등을 갖추었기 때문이다. 독해 문제를 풀 시간에 트럼프나 일본 전통 카드놀이 카루타*, 햐쿠닌잇슈百人一首**, 보드 게임 등으로 두뇌를 활성화하거나, 바다나 산으로 자녀를 데려가 '관찰력'을 길러주는 것이 훨씬 가치 있는 일이다.

이 시조는 어떤 의미일까? 게임에서 이기려면 어떻게 공략해야 할까? 바다에는 왜 밀물과 썰물이 있는 것일까? 자녀의 지적 호기심을 자극하고 '왜?'라는 의문이 들면 책을 찾아보게 하여 조사한

---

* 일본 전통 카드 놀이로, 카드를 뜻하는 포르투갈어 '카르타Carta'에서 유래되었다. 게임은 시가 적힌 카드를 늘어놓고 첫 구절을 보고 다음 구절을 찾아 빨리, 많이 없애는 사람이 이기는 방식으로 진행된다.
** 100명의 가인歌人의 노래를 한 수씩 모은 것으로, 카르타에 쓰이는 고전 시가. 일본에서는 요즘도 설날 행사로 많이 하고 있으며, 의미도 모르고 외우는 사람이 많을 정도로 일본인들의 생활 깊숙이 자리 잡고 있다. 이를 소재로 한 만화 〈치하야후루〉는 애니메이션과 영화로도 만들어졌다.

내용을 글로 요약해서 써보도록 한다.

이렇게 매일 아이와 지적인 놀이나 대화를 해보자. 언뜻 보기에 시험공부와 상관없어 보이는 것, 그게 바로 '진짜 똑똑한 아이'를 키우는 부모가 매일 공들여 하는 일이다.

자, 이번 장에서는 자녀의 국어 실력 향상을 방해하는 '다섯 가지 주요 원인'에 대해 이야기했다. 다음 장부터는 드디어 관찰력을 키워 문해력과 국어 실력을 높이는 효과적인 트레이닝 방법을 소개하겠다.

관찰력은 인간에게 큰 차이를 만든다.
러시아 속담처럼 주의력이 산만한 인간은
'숲속을 걸어도 땔감을 찾을 수 없다'.

_ 새뮤얼 스마일즈, 독일 작가·의사

3장

'발견하는 눈'을 키우면 세상을 제대로 볼 수 있다

트레이닝에 들어가기 전에 간단하게 1장을 복습해 보자. 글을 제대로 읽지 못하는 아이는 '띄엄띄엄 읽기', '주관적으로 읽기', '글자 그대로 읽기', 이 세 가지 유형의 읽기 습관 중 하나 또는 여러 개를 가지고 있다고 했다.

　그리고 이러한 읽기 습관을 고치고 글을 제대로 쓰려면 각각의 읽기 습관에 맞는 '세 가지 관찰안'을 키우는 트레이닝이 효과적이라는 것까지 이야기했다.

　세 가지 유형의 읽기 습관을 고치기 위해 연습해야 하는 '세 가지 관찰안'은 다음과 같다.

① **띄엄띄엄 읽기 유형** → 눈앞의 정보를 놓치지 않고 제대로 보는 '발견하는 눈'

② **주관적으로 읽기 유형** → 편견을 버리고 넓은 시야로 사물을 보는 '객관적인 눈'

③ **글자 그대로 읽기 유형** → 행간을 읽고 사물의 본질을 꿰뚫어 보는 '보이지 않는 것을 보는 눈'

이 '세 가지 관찰안'을 제대로 키우면 자녀의 국어 혐오는 사라지고 성적도 즐겁게 올릴 수 있을 것이다.

물론 읽기 습관의 심각성 정도와 학습 태도, 2장에서 언급한 '실력 향상을 방해하는 다섯 가지 요소'의 유무에 따라 어느 정도 개인차는 있지만, 우리 학원을 다닌 지 3개월 안에 성적을 10~20점 올리는 아이도 꽤 있어서 '국어 실력을 키우려면 시간이 걸린다'는 일반적인 상식에서 벗어나는 일이 충분히 일어날 수 있다.

단기간에 극적인 향상은 주로 초등학생에게 많이 일어나고 중학생, 고등학생처럼 학년이 올라갈수록 국어 실력을 끌어올리기는 점점 어려워지기 때문에 국어 학습은 되도록 빨리 시작하는 것이 좋다.

그럼 우선 '띄엄띄엄 읽기'를 개선하는 '발견하는 눈'을 키우는 법부터 이야기하도록 하겠다.

'발견하는 눈'을 키워서
띄엄띄엄 읽기를 고치자

    띄엄띄엄 읽는 아이는 글뿐만 아니라 대체로 주변에 있는 것들을 주의 깊게 보지 않는다. 시야 안에 다양한 것이 보이겠지만 그중에서 극히 제한된 것만 인식하고 대부분은 그냥 지나치는 것이다. 매년 설이면 어디서든 가도마츠門松*와 가가미모치鏡餅**를 볼 수 있지만 초등학교 2학년이나 3학년이 돼서도 이름을 모르는 아이들이 이 유형에 해당된다.

---

* 일본에서 새해에 신을 집으로 맞이하기 위해 문 양옆에 놓는 소나무 장식.
** '거울떡'이라는 뜻으로 새해를 맞아 신에게 공양하는 떡을 의미한다. 나무로 된 제기 위에 종이를 깔고 크기가 다른 둥근 떡 두세 개를 포개어 얹고 다시마, 귤, 곶감 등으로 장식한다. 신에게 떡을 올린 후 가족끼리 나누어 먹으면 한 해 동안 신의 축복을 받는다고 믿는다.

이런 아이들은 원래 언어에 대한 흥미나 관심이 적고 어휘력이 부족하여 독서할 때 모르는 말이 나오면 건너뛰고 읽게 된다. 그러다 보면 모르는 말이 점점 더 늘어나고 학년이 올라갈수록 건너뛰고 읽는 부분이 더 많아지는 '악순환'에 빠지게 된다.

이 유형에 해당하는 아이에게 '사전 찾기'나 '단어 반복 학습'으로 어휘를 늘리는 방법은 그다지 효과가 없을 확률이 크다. 사람은 본인이 알고 싶은 것만 오래 기억하기 때문에 '이 단어를 찾아보고 쓰고 싶어!'라는 생각이 들어 자발적으로 사전을 찾는 게 아니라면, 부모가 억지로 사전 찾기나 단어 반복 학습을 시켜도 거의 머릿속에 남지 않는다. 설령 기억에 남더라도 실제로 써보고 익힌 단어가 아니기 때문에 어딘가 어색한 표현을 하게 된다.

예를 들어 초등학교 1, 2학년 아이에게 '단풍'이라는 단어를 가르치고 싶다고 해보자. 사전이나 반복 학습을 통해 '단풍이란 나뭇잎이 빨간색이나 노란색으로 물드는 것'이라고 의미를 알려줘도 '단풍이 든 나무'라고 제대로 사용할 수 있는 아이는 의외로 많지 않다. 많은 아이들이 '단풍이 된 나무'처럼 이상하게 적용하여 쓴다.

반면 집안에서 일상 대화를 많이 나누거나 텔레비전을 자주 보는 아이는 어른들이 '산의 나무들이 멋지게 단풍이 들었다'처럼 제대로 적용하여 말하는 것을 자주 들었기 때문에 곧바로 올바르게 단어를 사용할 수 있다.

그렇다면 언어에 대한 관심이 적은 자녀에게 어떻게 '어휘력'을 길러주어야 할까? 다양한 사물에 흥미를 갖게 하는 '관찰 작문 트레이닝'이 효과적이다. 내 주변에 있는 '물건'이나 '장면'을 차분히 관찰하고 계속 말로 설명하도록 유도하는 것이다.

아이는 주변을 잘 둘러보아야 자신을 둘러싼 세상의 신비로움을 깨닫기 시작한다. 세상은 볼수록 재미있다는 것을 알려주어 자녀의 '지적 호기심'에 불을 지펴보자.

본 것을 제대로 전달하기 위한 '한 문장 관찰 작문' 트레이닝

먼저 내가 본 것을 5W1H, 즉 육하원칙에 따라 '다른 사람에게 전달하는 능력'을 키워야 한다. 5W1H는 다음 여섯 가지 요소를 말한다.

- 언제(When)
- 어디서(Where)
- 누가(Who)
- 왜(Why)
- 어떻게(How)
- 무엇을 했는가(What)

이 여섯 가지를 사용하여 주술 호응이 맞는 올바른 한 문장을 만드는 트레이닝을 해보자. 글쓰기 소재가 정해져 있으면 '무엇을 쓸지' 고민하지 않아도 되니 편할 것이다.

한 문장 작문의 소재는 그림이나 사진을 주면 된다. 실제 사람이나 동물을 보고 작문을 해도 되지만, 사람이나 동물은 아이가 관찰하는 동안 움직이기 때문에 처음에는 그림이나 사진 속 사람, 동물이 무엇을 하고 있는지를 천천히 관찰하고 작문하기가 더 쉽다.

STEP 1 육하원칙으로 전달하는 문장 쓰기

먼저 여러 가지 그림책의 삽화나 사진을 준비하고 그 안의 사람이나 동물이 무엇을 하고 있는지 천천히 관찰하게 한 다음, 한 문장 작문을 쓰도록 한다. 다음 그림을 예로 들면 아래와 같은 한 문장을 만들 수 있다.

(언제) 어느 날
(어디서) 집 앞에서
(누가) 아주머니가
(왜) 길을 깨끗하게 하려고
(어떤 식으로) 열심히
(무엇을 했다) 쓰레기를 주웠다

　이것이 작문할 때 '기본적인 한 문장'이다. 하지만 대부분의 아이들은 초등학교 1, 2학년이 되어도 생각보다 '한 문장 작문'을 잘하지 못한다. 육하원칙 중에서 무언가 빠지거나 같은 요소를 몇 번씩 넣어서 좀처럼 타인에게 전달할 깔끔한 한 문장을 만들지 못한다. 그러므로 막힘없이 술술 쓸 수 있을 때까지 반복해서 연습하도록 하자. 또한 '먹기 위해 우물우물 먹었다'와 같이 '왜'와 '무엇을 했다'를 같은 말로 쓰는 아이도 많으니 겹치는 말을 쓰지 않도록 주의한다.

　'어떻게(How)' 부분에서 예문처럼 '열심히', '척척', '쿵쿵' 등 흉내말(의성어, 의태어의 총칭)을 쓰면 어휘력, 표현력이 풍부해진다. 우리말은 흉내말을 많이 쓰는 언어이기 때문에 다양한 흉내말을 알려주면 생동감 있는 작문을 할 수 있다.

STEP 2 차근차근 어휘를 늘리는 한 문장 관찰 작문

어휘력이 부족한 아이는 본 것을 말로 바꾸기 어려워하기 때문에 작문이 쉽지 않다. 그래서 '한 문장 관찰 작문'을 해보고 나서야 비로소 자녀의 어휘력이 부족하다는 것을 알게 되는 부모도 많다.

STEP 1에서 쉬운 '한 문장 관찰 작문'을 어느 정도 익숙하게 터득하면 서서히 어휘 늘리기를 의식해서 해보자. 이를 위해서는 평소 아이가 흔히 쓰는 단어로는 설명할 수 없는 장면의 그림이나 사진을 준비하면 된다. 눈에 보이는 풍경을 바꿔주면 아이의 어휘도 늘어날 수밖에 없다.

예를 들어 아래와 같은 그림을 보여준다.

이 그림을 한 문장 작문으로 한다면, '어느 날 경기장에서 육상 선수가 우승하기 위해 필사적으로 허들 달리기 연습을 하고 있다.' 정도로 쓸 수 있다. 그런데 '경기장' 또는 '운동장', '육상', '허들 달리기' 등의 단어를 모르면 이 장면을 다른 사람에게 설명으로 전달하기 어렵다.

이처럼 평소에 쉽게 볼 수 없는 풍경을 보여주니 글 쓰던 손이 뚝 멈춘다면 역시 어휘력이 부족한 것으로 볼 수 있다. 그렇기 때문에 단어를 가르치는 것부터 시작해야 한다. 아이가 '말로 설명할 수 없는 장면'을 마주할 때마다 그 장면을 나타내는 단어를 알려주면 어휘가 점점 늘어날 것이다.

'우리 아이는 아직 어려서 그런 말은 너무 어려울 것'이라고 생각하지 말자. 아이들에게는 '사과'를 외우는 것이나 '젖병'을 외우는 것이나 똑같다. 어려운 말이라고 해서 '젖병'을 '우유를 담는 것'이라고 가르치지는 않지 않은가.

두 살쯤 되면 더 이상 아이에게 유아어를 쓰지 말고 어른들이 쓰는 단어로 대화하자. 유아어가 몸에 배어 초등학교 고학년이 되어서도 엄지를 '아빠 손가락', 밥을 '맘마'라고 하는 아이가 늘고 있다.

즐겁게 한 문장 관찰 작문을 하면서 어떤 장면을 봐도 말로 쉽게 표현할 수 있는 풍부한 '어휘력'을 갖추길 바란다.

STEP 3 계절감을 키우는 한 문장 관찰 작문

어휘가 늘었다고 느껴지면 다음에는 한 문장 관찰 작문에 '계절감'을 더해본다. 아이에게 다음 네 가지 그림을 보여주고 각각 그림을 설명하는 글을 쓰게 해보자.

자, 어떤가. 아이는 작문을 잘했을까?

> **작문 예시**
> ① 어느 봄날, 벚꽃 나무 아래에서 여자아이가 만개한 벚꽃을 즐기기 위해 행복한 표정으로 꽃구경을 하고 있다.
> ② 어느 여름날, 해수욕장에서 남자아이가 이기기 위해서 진지하게 수박 깨기 놀이를 하고 있다.
> ③ 한가윗날 밤, 툇마루에서 엄마가 달맞이를 하려고 들뜬 마음으로 억새를 장식하고 있다.
> ④ 동짓날, 집에서 남자아이가 감기에 걸리지 않기 위해 느긋하게 유자탕에 들어가 있다.

이 정도 쓸 수 있으면 좋겠지만 요즘 아이들은 '계절'을 표현하는 어휘를 잘 몰라서 어렵다고 느꼈을 확률이 높다. 특히 그림 ④에 나오는 동짓날 유자탕*은 실제로 경험한 적 있는 아이가 별로 없어서 대부분 쓰지 못했을 것이다.

우리 어른들도 바쁜 일상에 쫓겨 아이들에게 계절마다 전통 행사나 문화를 체험시켜 줄 마음의 여유가 없어졌다. 하지만 경험하게 해주지 못하더라도 이러한 풍경은 일본 사계절의 모습, 즉 일반 상식이기 때문에 한 번 보고 어떤 장면인지 알 수 있도록 자녀에게 알려주어야 한다.

우리 학원에서는 《계절 도감きせつの図鑑》이나 《일본 전통 행사 그

---

* 동짓날 유자를 넣은 물로 목욕을 하면 감기에 안 걸린다는 일본의 겨울 풍습이다.

림책『和」の行事絵》 등을 활용해서 사계절 행사를 소개하고 있다.

특히 명문 중학교 입시를 준비할 예정이라면 일본 전통문화나 계절어를 모르면 풀 수 없는 문제가 다수 출제되기 때문에 어릴 때부터 '계절감'을 알려주는 것이 매우 중요하다.

사계절의 변화를 관찰하는 '계절 그림일기' 트레이닝

한 문장 관찰문을 잘 쓰게 되면 짧은 글짓기로 한 단계 나아가 보자. 자녀의 계절감을 키우기에 딱 좋은 짧은 글짓기 트레이닝, 그것이 바로 계절의 변화를 관찰하고 발견해서 작문하는 '계절 그림일기'다.

우리나라에는 아름다운 사계절이 있다. 일상생활에서 문득 계절이 지나가는 것을 느낄 수 있었던 상황을 그림과 작문으로 표현해 보자.

'그림일기'라고 하면 글을 먼저 쓰고 그림을 나중에 그리는 아이가 많지만, 머릿속에서 글로 쓰고 싶은 장면을 이미지화하기 위해 먼저 그림을 그리고 그다음에 풍경을 설명하듯이 글을 쓰도록 한다.

다음 소개할 예시는 초등학교 2학년 가을 무렵까지 제대로 된 한 문장 쓰기조차 어려워했던 남학생이 학원에 다닌 지 6개월 후 3학년이 되자마자 봄에 처음으로 혼자 쓴 '계절 그림일기'다.

> 〈봄이라고 느꼈을 때〉_초등학교 3학년 남학생 일기
>
> 나는 3월 26일쯤 연못 근처에서 많은 벚꽃을 보았다. 그것은 옅은 핑크색이고 꽃잎이 바람에 한가득 휘날려 매우 아름다웠다. 해 질 무렵이라 벚꽃 옆으로 석양이 보여서 무척 예뻤다.
> 그것을 보고 나는 벚꽃과 석양이 정말 잘 어울린다고 생각했다.

지는 태양과 그 빛 속에 눈처럼 흩날리는 벚꽃을 보고 감동한 학생의 마음이 잘 나타나 있다. 아름다운 봄날의 해 질 녘 풍경이 글을 읽는 사람의 눈 앞에도 펼쳐지는, '전해지는 문장'을 처음 써본 이 학생은 그 원고지를 소중하게 챙겨 가방에 넣고 웃음 가득한 얼굴로 돌아갔다.

그 후 자신은 글을 잘 쓰지 못한다는 생각이 없어지고 자신의 생각을 점점 자신있게 말로 표현할 수 있게 되었다. 그런데 이 작문에는 아직 본 것(사실)과 그 사실에 대한 감상(의견)이 조금 섞여 있다. 다음 예시는 객관적 '사실'과 주관적 '의견'을 의식적으로 구분해서 쓴 '계절 그림일기'다.

> **〈여름이라고 느꼈을 때〉_초등학교 2학년 여학생 일기**
>
> 나는 6월 10일쯤 집에서 삼촌이 보내주신 수박을 보았다. (사실)
>
> 수박을 잘라보니 예쁜 빨간색이었고 잘 깎은 연필 끝 같은 씨가 빼곡히 늘어서 있었다. 잘린 표면은 신선하고 보석처럼 반짝반짝 빛났다. (사실)
>
> 나는 그것을 보고 수박으로 화채를 만들어 친구들과 함께 먹고 싶다는 생각이 들었다. (의견)

이렇게 '사실'과 '의견'을 구분해서 쓰도록 하면 '빨간색이라(사실) 예쁘다고 생각했다(의견)'라고 쓸 수 없으니, 자기 나름대로 '아름다움'을 어떻게 사실적으로 표현할지 고민하게 된다.

그 결과, '잘 깎은 연필 끝 같은 씨', '보석처럼 반짝반짝 빛나는' 같은 비유 표현을 사용해서 수박 단면의 아름다움을 표현한 것이다. '연필 끝 같은 씨'는 어른들은 좀처럼 생각해내기 어려운 재밌는 비유다.

이렇듯 작문을 할 때 '아름다웠다', '즐거웠다', '기뻤다' 등 한 단어로 쉽게 감정을 나타내는 표현을 되도록 사용하지 않게 하며 글을 쓰도록 하면 아이의 관찰력과 표현력은 쑥쑥 늘어난다. '어떻게 아름다웠는지', '어떻게 즐거웠는지' 그 모습을 자세히 말로 설명하지 않으면 다른 사람에게 내가 보고 느낀 것을 정확하게 전달할 수 없기 때문이다.

앞선 남학생 글의 경우, 석양과 흩날리는 벚꽃을 '아름답지 않다'고 생각하는 사람은 없을 테니 개인적인 의견이라고 느끼기 어렵다. 그에 비해 여학생의 작문을 보면 '수박씨가 빼곡하게 있는 모습이 기분 나쁘다'고 느끼는 사람이 있을지도 모르겠다고 상상해 볼 수 있다.

어릴 때부터 누가 보더라도 똑같은 '사실'과 사람마다 다른 '의견'을 나누어서 생각하게 하면, '사실에 대한 해석은 사람마다 다르다'는 것을 이해하게 되고 객관적인 설명문을 쓸 수 있는 아이로 자란다.

관찰력이라고 하면 '눈으로 보는 것'이라고만 생각하기 쉽지만 우리는 시각뿐만 아니라 청각, 후각, 촉각, 미각까지 오감을 사용하여 세상을 보고 느끼고 있다.

'계절 그림일기'를 쓸 때는 반드시 시각뿐만 아니라 아이가 모든 감각을 사용하여 세상을 관찰할 수 있게 도와주자.

마지막으로 소개할 '계절 그림일기'는 눈에 보이지 않는 것을 촉각, 청각, 후각을 사용하여 훌륭하게 파악하고 온몸으로 관찰한 멋진 작품이다.

〈봄이라고 느꼈을 때〉_초등학교 5학년 남학생 일기

오늘은 제가 발견한 봄을 써보겠습니다.

아침에 쓰레기장에서 쓰레기를 버릴 때 갑자기 바람 퍼레이드가 시작되어, 바람이 음악을 타고 살아있는 것처럼 춤추고 있었습니다. 산들바람은 마음의 응어리를 풀어주는 것 같은 기분 좋은 바람이라 마음이 편안해졌습니다.

　이상한 냄새가 나는 음식물 쓰레기를 버리러 왔는데 이렇게 상쾌한 기분으로 돌아가는 것은 처음이었습니다. 앞으로도 봄에만 부는 산들바람을 소중하게 느끼고 싶습니다.

　눈에 보이지 않는 '봄의 산들바람'을 온몸으로 받아들이고 그 소리와 움직임을 절묘한 비유로 표현하고 있다. '음식물 쓰레기 냄새'와의 대비도 뛰어나다. 관찰력을 충분히 키운 초등학교 5학년 정도가 되면 이렇게 정확하고 아름다운 관찰 작문을 쓸 수 있다.

　다음 챕터에서는 오감을 예민하게 만들어 관찰력을 키우는 방법을 소개한다.

주변에서 쉽게 터득할 수 있는 '오감 관찰 작문' 트레이닝

'계절 그림일기' 트레이닝으로 제대로 된 짧은 글짓기가 가능해졌다면 다음은 조금 더 긴 작문에 도전해 보도록 하자. 근처에서 볼 수 있는 사물이나 곤충, 식물 등 무엇이라도 좋으니 하나의 대상을 자세히 관찰해서 설명문을 써보는 것이다.

시각뿐만 아니라 모든 오감을 써서 관찰하면 무리 없이 꽤 긴 작문을 할 수 있다.

'자유롭게 작문해 보세요'라고 하면 어려워하는 아이일지라도 관찰 작문이라면 본 것을 그저 쓰기만 하면 되니까 어떤 것을 써야 할지 고민하지 않아도 된다. 관찰력 훈련을 하면서 끈기를 기르고 글쓰기에 대한 저항을 점점 없애는 것이 '오감 관찰 작문'의

목적이기도 하다.

학원에서는 초등학교 저학년이라면 '음식'이나 '나의 얼굴' 등 단순하고 쉽게 접하는 것, 4학년 이상이면 '동전'이나 '암모나이트 화석' 등 조금 복잡한 사물을 관찰하도록 한다.

어떤 물건이라도 그것을 본 적 없는 사람에게 글로만 설명하려면 상당한 관찰력과 표현력이 필요하다. 그러므로 먼저 가볍게 주변에 있는 사물이나 과자 등을 이용해서 간단한 오감 관찰을 시작해 보자.

본격적으로 관찰하기 전에 우선 아이에게 오감에 대해 가르쳐 주어야 한다. 사람의 오감이란 다음 다섯 가지 감각을 말한다.

- 👁 눈으로 보고 느끼는 '시각'
- ✋ 피부로 만져서 느끼는 '촉각'
- 👂 귀로 들어서 느끼는 '청각'
- 👃 코로 냄새를 맡아 느끼는 '후각'
- 👅 혀로 맛보고 느끼는 '미각'

아이에게 '뇌는 머리 안에 있어서 스스로 바깥세상을 느낄 수 없기 때문에 다섯 명의 부하를 이용해서 바깥세상을 살펴보는 거야'라고 이야기해 주면 좋을 것이다.

STEP 1 아이스크림 오감 관찰 작문

먼저 컵에 담긴 아이스크림을 준비한다. 냉동실에서 금방 꺼내서 딱딱한 상태로 건네준다. 아이는 깨끗하게 손을 씻고 관찰하며 메모를 쓰도록 한다.

❶ 시각 관찰 단락 작문

먼저 뚜껑을 열고 색깔과 모양을 관찰하게 한다. 이때 다양한 비유 표현을 함께 가르치고 싶다면 정확한 색상의 이름이나, 원기둥과 같은 구체적으로 모양을 지칭하는 단어를 쓰지 않도록 한다. 그러면 '바다 같은 색', '공 같은 모양' 등 아이다운 비유가 마구 튀어나올 것이다.

❷ 촉각 관찰 단락 작문

자세히 본 다음 아이스크림을 만지게 해본다. 어떤 감촉일까? 여기서는 '차갑다', '처음엔 딱딱했는데 만지니까 끈적끈적해졌다'와 같이 느낀 그대로의 감촉을 쓰면 된다.

❸ 청각 관찰 단락 작문

다음으로 눈을 감고 귀를 기울이며 아이스크림을 숟가락으로 두드려 보라고 한다. 어떤 소리가 들릴까? 그 소리에서 어떤 것을 알 수 있을까? '숟가락으로 두드리니까 콩콩 소리가 났다. 소리를 들으니 아이스크림은 딱딱하다는 것을 알 수 있었다' 이런 식으로 청각적으로 느낀 부분에 대해 쓰면 잘한 것이다.

❹ 후각 관찰 단락 작문

눈을 감고 냄새를 맡게 하자. 어떤 냄새가 날까? 맛도 상상해 보도록 하자. '달콤한 냄새가 난다', '과일 같은 냄새가 난다' 등 냄새를 느끼는 방법은 아이마다 상당히 다른데 너무 엉뚱한 것이 아니라면 느낀 그대로 쓰게 한다.

❺ 미각 관찰 단락 작문

아이스크림을 입안에 넣고 천천히 맛을 음미하도록 한다. 어떤 맛인지는 물론이고, 아이스크림이 입안에서 어떻게 변하는지도 쓰게 하자.

입에서 녹는(식감) 변화에 대해 표현하는 것은 엄밀히 말하면 촉각이지만 여기서는 글이 뒤죽박죽될 수 있으니 '미각' 단락에 정리해서 써도 괜찮다.

❻ 관찰에서 알게 된 것, '결과' 단락 작문

오감 관찰이 끝나면 '결과(관찰을 통해 알게 된 사실)'를 써보자. 여기서 많은 아이들이 무엇을 써야 할지 몰라 어려움을 겪는다. 관찰은 할 수 있어도 '거기서 법칙을 도출하는(개념화)' 행위는 잘 해 보지 않아서 낯설기 때문이다. 아무리 해도 떠오르지 않는다면 다음과 같은 힌트를 준다.

'오감 관찰로 썼던 것을 다시 살펴보자. 어떻게 ○○한 것이 ○○하게 됐는지 생각해 볼까?'

이렇게 말하고 관찰 메모를 다시 읽어보게 하면 많은 아이들이, '아, 청각 부분에서 딱딱하다고 썼는데 입에 넣으니 걸쭉하게 녹았다고 썼어!'라고 생각하며 신기한 아이스크림의 변화를 알게 된다.

평소에 당연하다고 여겨서 의문을 느끼지 않았던 것을 '왜?'라고 생각해 보는 것이 중요하다고 알려주자. 결과 단락에서는 이 '왜?'를 단서로 삼아 법칙을 찾아보도록 한다.

'이 관찰을 통해 알게 된 것은, 아이스크림은 냉동실에서 막 꺼냈을 때는 딱딱했지만 만지거나 입에 넣으면 녹아버린다는 것이다.'

일단 이런 식으로 쓰면 된다. 하지만 이걸로 아이스크림의 성질(법칙)을 발견한 것은 아니다. 그래서 이 사실을 다시 한번 개념화시킨다. 여기부터는 아이 혼자 하기 어려우니 도와주도록 한다. 다음과 같이 질문을 던져보자.

"왜 입에서 녹았을까?"

"침 때문에 녹은 거잖아요."

"그럼 입에 당근을 넣어서 끈적하게 녹은 적 있어?"

"아니요."

"그럼 아이스크림만 녹는 건 이상하지 않니?"

이렇게 대화하면서 '추운 곳에서는 딱딱해지고 더운 곳에서는 부드러워진다'는 아이스크림의 성질을 발견할 수 있도록 돕는다.

최종적으로 이 성질을 한 번 더 '개념화'하여 '즉, 아이스크림은 온도에 따라 굳기가 변하는 음식이라는 것을 알게 되었다'라는 관찰 결과를 쓸 수 있도록 지도한다.

❼ 관찰하고 생각한 것, '의견' 단락 작문

오감 관찰 작문의 마지막은 관찰을 통해 생각한 것, '의견'을 쓰는 단락이다. 객관적 사실은 쓸 수 있어도 주관적 의견을 쓰지 못하는 아이가 꽤 많다. 그것은 평소에 생각(의견)을 말할 기회가 많지 않기 때문이다.

옆에서 보면 답답해서 나도 모르게, '이렇게 쓰면 되잖아!' 하고 알려주고 싶겠지만 꾹 참아야 한다. 가르치는 것은 간단하지만 매번 가르쳐주면 스스로 생각하지 않게 되므로 무언가 스스로 쓸 수 있을 때까지 끈기 있게 깊이 생각할 수 있도록 기다려주자.

학원에서는 송송 이렇게 힌트를 준다. '같은 아이스크림 가게라도 연달아 신제품을 출시하는 가게와 언제나 같은 상품만 있는 가게라면 어느 쪽이 인기가 있을까?' 이렇게 말하면 아이들은 의견 단락에 대한 아이디어를 얻는다.

> **'의견' 단락 작문 예시**
> ① 관찰하는 동안 아이스크림을 꽤 좋아하게 되었다. 집에 가면 많이 먹고 싶다는 생각이 들었다.

> ② 나는 동그란 컵이 아니라 여러 가지 모양의 컵에 담긴 아이스크림이 있으면 재밌겠다고 생각했다. 동물 시리즈 같은 게 있다면 좋을 것 같다.

이처럼 일단 아이디어가 떠오르기 시작하면 봇물 터지듯 연달아 생각이 날 테니 아이들이 다양한 신제품 개발에 대해 꿈꾸는 것을 지켜보는 것도 재미있다.

지금까지 쓴 관찰 메모를 연결하면 다음과 같은 작문이 된다. 이렇게 쓸 수 있을 때까지 다양한 사물을 관찰하도록 하자.

아이스크림 오감 관찰 작문 예시

도입 오늘은 오감을 써서 아이스크림을 관찰했다.

시각 단락 먼저 눈으로 보니 아이스크림 통은 참치 통조림 같은 모양이고 아이스크림 색깔은 껍질을 벗긴 바나나 같은 색이다.

촉각 단락 처음에는 차갑고 울퉁불퉁했지만 만지는 사이에 조금 녹아서 끈적끈적해졌다.

청각 단락 숟가락으로 두드리니 콩콩 소리가 나서 딱딱하다는 것을 알 수 있었다.

후각 단락 냄새가 달콤하게 느껴졌다. 엄마가 케이크를 만들 때 쓰는 바닐라 향신료의 향이 났다.

미각 단락 먹어보니 역시 달아서 삼켜도 한동안 입안에 단맛

	이 남아있었다. 입에 넣으면 씹지 않아도 금방 녹았다.
결과 단락	이 관찰을 통해 나는 냉동실에서 막 꺼낸 아이스크림은 딱딱하지만 입에 넣으면 금방 녹아서 부드러워진다는 사실을 깨달았다. 즉, 아이스크림은 온도가 변하면 굳기가 변하는 성질이 있다.
의견 단락	나는 아이스크림이 왜 더우면 녹는지 매우 이상하다고 생각했다. 몇 도 정도에 녹는지, 종류에 따라 다르게 녹는지, 여러 가지 아이스크림을 조사해 보고 싶어졌다.

STEP 2 표현력과 끈기를 길러주는 동전 관찰 작문

간난한 오감 관찰을 할 수 있게 되면 5엔짜리 동전이나 화석 등 조금 더 복잡한 무늬나 모양인 사물, 즉 설명하기 위해 끈기와 표현력이 필요한 것을 관찰하도록 한다.

미각을 쓸 수 없는 사물은 '미각 단락'을 건너뛰고 그 대신 백과사전 등을 찾아 해당 사물의 정보를 읽어보고 '결과 단락'을 쓰도록 하자. '의견 단락'에서는 '만약 원래의 용도가 아니라면 어떤 용도가 있을까?'에 대해서도 생각해 보게 하자. 관찰할 때마다 아이가 스스로 이 질문을 던지게 하면 사물의 '본질'을 보는 힘이 생긴다.

다음 작품은 초등학교 5학년 때 학원에 와서 6학년 1학기에 처음으로 '5엔 동전' 오감 관찰에 도전한 학생의 작문이다.

〈5엔 동전 관찰 작문〉_초등학교 6학년 남학생

도입   오늘은 5엔 동전을 오감으로 관찰한다.

시각 단락   5엔 동전의 모양은 지름 2.2센티미터의 원으로, 가운데에 지름 5밀리미터의 구멍이 있다. 두께는 1밀리미터이고 색깔은 금색이다. 먼저 겉면 그림에 대해 설명하면, 구멍 아래에는 가로줄이 열두 개 있고 정가운데에 한자로 '5엔'이라고 쓰여있다. 가로줄 왼쪽 위에는 벼 한 포기가 있고, 구멍을 따라 줄기와 잎 두 개가 구부러져 벼 이삭이 늘어져 있다. 쌀은 27알이 있다. 구멍 주위에는 톱니바퀴처럼 작은 직사각형 열여섯 개가 동일한 간격으로 늘어서 있다.

(다른 면의 서술과 촉각, 청각, 후각 단락 생략)

결과 단락   《쇼가쿠칸 어린이 대백과小学館こども大百科》를 통해 조사해 보니 겉면 그림에 있는 가로줄 열두 개는 물이고 수산업을 뜻하며, 벼는 농업, 톱니바퀴는 공업을 나타낸다는 사실을 알게 되었다. 즉, 이것은 일본의 산업을 나타내고 있다.

> **의견 단락** 만약 5엔 동전이 돈이 아니라면 나는 끈을 넣어 펜던트로 만들고 싶다. 나는 이 관찰을 통해 그림에는 반드시 의미가 있고 전하고자 하는 것이 있다는 사실을 깨달았다. 평소에 그냥 눈에 스쳐 지나가는 것에도 전달하고 싶은 메시지가 담겨있다는 것을 알게 되어, 나는 이제부터 눈에 띄는 것을 깊이 있게 살펴보고 이해하고 싶다고 생각했다.

이 학생은 하나의 물건을 이렇게까지 자세하게 본 적은 처음이었는지 첫 관찰이 거칠어서 몇 번이나 수정 사항을 지적받았다. 시간이 꽤 많이 걸려서 관찰이 싫어지면 어쩌나 걱정했는데 마지막 단락에서 이런 감상을 쓴 것이다. 단 한 번의 관찰 체험이 아이의 세계관을 완전히 바꿔버리고, 사물을 대하는 관점도 긍정적으로 바뀌었다.

관찰 작문은 큰 것부터 시작하여 작은 것으로 옮겨서 글을 쓰는 것이 규칙이다. 또한 시선이 여기저기로 분산되지 않도록 순서에 따라 관찰하고 정리해서 글을 쓰도록 한다. 대상물을 본 적 없는 사람이라도 이미지를 떠올릴 수 있도록 가능한 한 자세하게 써보라고 지도하자. 기준은 600자 정도다.

관찰 작문 트레이닝 스텝 요약

❶ 〈한 문장 관찰 작문〉
- 육하원칙에 따라 한 문장 쓰기
- 어휘를 늘리는 한 문장 관찰 작문
- 계절감을 키우는 한 문장 관찰 작문

↓

❷ 〈계절 그림일기〉로 사계절의 변화를 알아본다
(200~300자 정도)

↓

❸ 〈오감 관찰 작문〉을 통해 주변 사물에서 깨달음을 얻는다
(600자 정도)

다음 페이지에 오감 관찰용 '발견 시트'가 있다.
이 시트를 활용하여 여러 가지 물건을 관찰해 보자.

● **오감 관찰 발견 시트**

　　월　　일에 관찰한 것은 〈　　　　　　　　　　　　　〉이다.

그림

- 먼저 관찰할 물건을 최대한 자세하게 그려보세요. 분명 여러 가지를 발견할 수 있을 거예요. 단, 녹는 것이라면 그림 그리기 전에 먼저 관찰합니다.

시각 메모	
촉각 메모	
청각 메모	
후각 메모	
미각 메모	
관찰해서 알게 된 것 (객관적 사실)	
관찰한 다음 생각한 것 (주관적 사실)	
이것이 ○○가 아니라면 (다른 쓰임새를 생각해 보기)	

* 이 페이지를 복사해서 사용하세요.　　　　　　　　　　ⓒ이데아 국어교실

우리를 곤란하게 만드는 것은
무지가 아니라 안다고 착각하는 것이다.

_마크 트웨인, 미국 작가

4장

'객관적인 눈'을 키우면 사고력이 향상된다

'객관적인 눈'을 키워서 주관적 읽기를 개선하자!

다음은 고집이 세고 문장의 의미와 내용을 제대로 이해하지 못하는 자녀의 읽기 습관, '주관적 읽기' 개선 트레이닝에 대해 이야기해 보자.

의외라고 생각할 수 있지만 독서를 좋아하는 아이들 중에서도 '주관적 읽기'를 하는 아이가 많다. '우리 아이는 책을 열심히 읽는데도 문해력이 늘지 않고 국어 성적이 안 좋다'는 고민을 자주 듣는데 그런 아이들은 독자적인 해석, 즉 '주관적 읽기'로 이야기를 즐기고 있을 가능성이 높다.

혼자 독서를 즐기기 위한 것이라면 어떻게 해석하더라도 문제가 되지 않는다. 하지만 국어뿐만 아니라 모든 시험에서는 '100명

중 70~80명은 이렇게 이해할 것이다'라는 객관적인 답을 제출해야 하기 때문에 주관적 읽기를 하면 시험에서 높은 점수를 받을 수 없다.

그리고 이런 읽기 습관이 몸에 밴 아이들이 많기 때문에 '독서를 아무리 해도 국어 성적이 오르지 않는다'고 독서에 대해 잘못된 인식을 가진 사람이 늘어나고 있다.

나는 올바른 방법으로 독서를 했을 때 국어 성적이 오르지 않는 아이를 본 적이 없다. 그렇기 때문에 독서의 효과가 없다면 역시 읽기 방법에 문제가 있다고 생각해도 될 것이다.

<mark>주관적으로 읽는 아이는 객관적으로 읽을 수 없다는 문제를 안고 있다.</mark> '주관'이란 나 혼자만의 생각이나 감각으로 사물을 판단하는 것을 말한다. '객관'이란 나만의 생각에서 벗어나 사물을 판단하는 것으로, 특정 입장에 얽매이지 않고 사물을 보는 것을 말한다.

초등학교 저학년 나이에는 누구나 나를 중심으로 세상을 보기 때문에 어떤 자문을 해도 '나는…'으로 시작하는 주관적 작문이 된다. 세상을 객관적으로 볼 수 있게 되는 것은 아홉 살에서 열 살 정도라고 하는데, 그즈음에는 내가 느끼는 것과 친구가 느끼는 것이 다르다는 사실을 인식하게 된다. 친구와 나를 비교하며 열등감을 느끼기 시작하는 것 또한 이 무렵이다.

이 시기부터 객관적인 시각이 조금씩 생기면 문제가 없지만 그중에는 <mark>객관적으로 사물을 보는 경험을 많이 쌓지 못한 채 성장하는 아이</mark>도 있다. 그것이 '주관적 읽기'를 하는 아이들이다.

'왜 나만의 해석으로 이야기를 즐기면 안 되지?'라는 생각이 들지도 모르지만 사물을 객관적으로 보지 못하는 것은 시야가 좁은 것이고, 이는 국어 점수만의 문제가 아니라 살면서 결정적인 단점이 생긴다. 상황을 바로 보고 진실을 알기 어렵다는 것이다.

아래 그림과 같은 상황을 목격했다고 해보자.

당신은 이 그림 속 남성에게 어떤 느낌을 받았는가? 페이지를 넘기기 전에 이 남성의 인상을 말로 표현해 보자.

이 그림을 보고 당신의 머릿속에서는 어떤 이야기가 떠올랐을까? 조금 험악한 남성의 외모 때문에 '착하지 않은 사람'이라는 선입견이 생겨 '여성에게 폭력을 행사하는 나쁜 남자'라고 생각한 사람이 대부분일 것이다. 하지만, 시야를 넓혀보면….

　사실 이 남성은 칼을 든 스토커가 여성에게 달려들자 눈치 채고 재빨리 그녀를 위험에서 구하려고 한 것이다.

　그럼 이어서 하나 더, 고정관념과 선입견 때문에 인생을 망쳐버린 여성의 이야기를 소개하겠다. 내가 학생들에게 객관적 시선의 중요성을 이해시키기 위해 자주 사용하는 예시가 기 드 모파상의 소설 《목걸이》다. 짧은 소설이지만 읽는 동안에 주인공과 같은 '고정관념'에 빠져 결말에서는 주인공에게 이입하여 비슷한 충격을 유사 체험할 수 있다. '나는 그런 속임수에 속지 않는다'고 자신만만할지도 모른다. 인간의 사고가 얼마나 쉽게 편견에 빠지는지 알려주는 모파상의 훌륭한 수법을 살펴보자.

《목걸이》의 줄거리

관청 말단 관리자에게 시집을 간 루아젤 부인은 만족할 만한 옷도 보석도 없는 검소한 생활이 불만이었고 항상 불행하다고 한탄했다. 그러던 어느 날 밤, 남편이 무도회 초대장을 가지고 의기양양하게 귀가했다. 부인은 남편이 저축한 돈을 몽땅 털어 드레스를 사고 부자인 친구, 포레스티에 부인을 찾아가 첫눈에 반한 멋진 다이아몬드 목걸이를 빌려 무도회에 참석했다. 하지만 집으로 돌아오는 길에 뜻밖의 사건이 일어난다.

그녀는 정신이 나간 듯이 남편을 돌아보며 말했다.
"아… 저기… 포레스티에의 목걸이가 없어졌어요."
남편은 깜짝 놀라며 일어났다.
"아니! …뭐라고! …그 무슨 바보 같은 말이오!"
그래서 두 사람은 드레스의 주름, 외투 주름, 그리고 주머니와 이곳저곳을 찾아보았다. 하지만 아무리 찾아도 보이지 않았다.

_《목걸이》(전국 학교 도서관 협의회 집단독서 텍스트)에서 발췌

그 후 두 사람은 필사적으로 며칠 동안 목걸이를 찾았지만 어디서도 보이지 않았다. 어떻게든 빌린 것을 돌려주어야 한다고 생각한 두 사람은 파리에 있는 보석 가게를 돌아다니며 비슷한 목걸이를 찾았다.

그리고 마침내 어느 가게에서 잃어버린 물건과 똑같은 목걸이

를 발견하게 되었다. 가격은 무려 4만 프랑. 두 사람은 3만 6천 프랑까지 깎은 다음 지인들을 찾아가 돈을 빌리다가 결국 고리대금업자에게까지 돈을 빌려 목걸이를 샀다. 그리고 포레스티에 부인이 눈치채지 못하게 목걸이를 돌려주었지만, 이후 루아젤가의 생계는 말할 필요도 없이 어려워졌다. 변두리에 있는 창고 같은 방에 살고 가난에 허덕이면서 두 사람은 빚을 갚아나갔다.

그런 밑바닥 생활을 10년 동안 하면서 두 사람은 겨우 빚을 다 갚았다. 나이가 들어 완전히 수척해진 루아젤 부인은 어느 날, 산책을 나갔다가 아이들과 함께 나온 아름다운 포레스티에 부인을 보게 되었다. 루아젤 부인은 이제야 비로소 모든 사실을 털어놓으려고 포레스티에 부인에게 말을 걸었다.

"저, 실례지만… 사람을 잘못 보신 것 아닐까요?"
"아니, 저예요. 마틸드 루아젤이요."
상대방은 아, 하고 소리를 질렀다.
"어머! …마틸드였군요. 많이 변했네요!"
"맞아요, 당신을 만나지 않은 동안 계속 힘들게 지냈어요. 아주 가난했어요. …그것도 따지고 보면 당신 탓이에요!"
"내 탓이라니… 아니, 왜요?"

포레스티에 부인이 사정을 묻자 루아젤 부인은 솔직하게 사건의 전말을 들려주었다.

포레스티에 부인은 멈춰 섰다.

"그럼 새 다이아 목걸이를 샀다는 거죠?"

"그래요, 그럼 당신은 눈치채지 못했던 거군요? 역시 똑같은 물건이었어요."

이렇게 말하며 그녀는 정말 자랑스럽다는 듯이 순수하게 기쁜 얼굴로 방긋 웃었다. 포레스티에 부인은 가슴을 꽉 부여잡으며 그녀의 두 손을 잡았다.

"아, 괜한 짓을 했어요, 마틸드! 왜냐하면 내 목걸이는 가짜였어요. 고작 500프랑 정도였다고요!"

어떤가. 처음부터 이런 결말일 거라고 예상할 수 있는 사람은 아마 없지 않을까? 그럼 도대체 어디서 우리는 모파상이 파놓은 함정에 빠진 것일까.

바로 루아젤 부인이 부자인 포레스티에 부인에게 보석을 빌리는 장면이다. 루아젤 부인이 '부자인 부인은 비싼 보석만 있을 것'이라는 선입견 때문에 가짜 보석이라는 생각을 하지 못한 채 확인도 하지 않고 진짜 다이아몬드라고 생각한 것이다. 그때 우리도 똑같이 그것이 가짜 다이아몬드일 거라고 의심하지 않는 심리 상태에 빠지게 된다. 바로 고정관념이 불러온 비극인 것이다. 만약 루아젤 부인이 냉정하고 객관적인 시각이 있었다면 10년에 걸쳐 고생하며 살지 않았을지도 모른다.

이처럼 시야가 좁은 사람은 자신도 모르는 사이에 주변 사람이나 사건에 대해 오해하는 경우가 많다. 주관적이고 시야가 좁은 사람의 성향을 정리하면 다음과 같다.

① 내 생각이 먼저이며 항상 내가 옳고 다른 사람이 틀리다고 판단한다.
② 다른 사람의 능력을 제대로 평가하지 않고 자신의 능력은 과대평가한다.
③ 실수해도 자신의 잘못을 인정하지 않아서 같은 실수를 반복한다.
④ 사람들이 건네는 적절한 주의나 조언을 '나를 부정한다', '나를 비난한다'고 부정적으로 받아들인다.
⑤ 사건을 넓게 조망할 수 없기 때문에 일이나 문제의 전체적인 그림을 이해하지 못해서 장기적으로 큰 플랜을 세우기 어렵다.

이렇듯 사물을 객관적으로 볼 수 없으면 나도 모르는 사이에 이런저런 손해를 보게 된다. 물론 학습적인 면에서도 고정관념이 강하면 문해력이 떨어지고 성적 향상에 나쁜 영향을 미친다.

특히 국어는 정답을 도출하는 사고의 프로세스가 수학처럼 계산식으로 명확하게 나타나는 것이 아니라서, 주관적으로 읽는 아이는 객관적으로 읽을 수 있는 아이의 논리적 사고와 자신의 사고가 어떻게 다른지 이해하지 못한다. 그래서 내 생각이 가장 옳다고 생각하고 상대방의 생각을 이상하다고 여기게 된다.

상대방이 윗사람이든, 그 분야의 전문가이든 상관없이 그렇게 생각한다. 주관이 강한 아이는 초등학교 저학년이거나 문해력이 아무리 부족해도, 자신의 생각에 확고한 자신감을 갖고 있다. 그래서 아무리 올바른 문해력과 국어 풀이법, 사고방식을 가르쳐도 자신에게 익숙한 풀이법과 사고방식을 좀처럼 버리지 못한다. 마음속으로 '이게 맞아!'라고 믿고 있는 것이다.

'그게 현실에서 있을 수 있는 일인가?' 하는 의문이 들 것이다. 이것은 객관적 시각을 가지고 있는 사람에게는 상당히 이해할 수 없는 생각이다.

하지만 실제로 국어를 가르치는 현장에서는 여러 번 같은 실수를 의도적으로 반복하는 아이가 적지 않다. 보통 아이들은 답안에 한 번 × 표시를 받으면 '이건 틀렸구나'라고 생각해서 다른 답을 고민하고 고쳐 쓴다. 하지만 '주관'이 강한 아이는 ×를 받은 답에서 말만 살짝 바꿔서 몇 번이나 고쳤다며 다시 제출한다. 한 시간에 대여섯 번 정도 같은 답을 받은 경험도 여러 번 있었다. 정답을 알려주어도 여전히 자신이 맞다고 생각하는 답을 계속 쓰는 아이도 있으니 고정관념은 꼭 해결해야 하는 문제다.

그 아이에게 '성적을 올리고 싶다'거나 '선생님이 하는 말을 듣자'는 마음이 없는 것은 아니다. '이게 정말일까? 내 방식이 더 맞는 거 아닌가?' 하고 선생님이나 부모님이 가르쳐주는 것을 의심하는 사이에 수업은 계속 진행되고 결국 이도 저도 다 이해하지 못한 채 시간이 지나가는 것이다.

이처럼 새로운 방법으로 빠르게 바꾸지 못하고 낡은 생각에 얽

매여 같은 사고와 행동을 반복하게 된다. 이것이 주관적으로 읽는 아이들에게 공통적으로 나타나는 '학습 패턴'이다. 이러면 어떤 것이든 원활하게 습득할 수 없다.

반면 객관적으로 볼 수 있는 아이는 자신과 타인의 능력을 정확히 비교할 수 있어서 자신이 어떤 위치에 있는지 제대로 인식한다. 즉 나의 주장보다 교사의 말이 맞으니 나의 사고방식을 돌아보고 바꾸자고 생각한다.

그래서 실수를 거울삼아 성적을 쑥쑥 올릴 수 있다. 또 사물을 보는 관점도 크게 한쪽으로 치우치지 않아서 억지로 노력하지 않아도 자연스럽게 객관적인 답안을 쓸 수 있다.

드물게 '독서를 잘 안 하는데도 왠지 국어 성적이 좋은' 아이는 독서가 아닌 방법으로 객관적 시각을 얻고 있을 것이다. 사물을 객관적으로 보게 되면 모든 사건에 대한 사고방식, 인식이 크게 달라진다.

‘고정관념'을 깨닫는 것이
객관적 시각의 첫걸음

앞선 내용을 통해 주관적 시각과 고정관념의 문제점에 대해 짚어보았다. 그렇다면 누구나 하루라도 빨리 '고정관념'을 벗어나고 싶을 것이다. 그렇다 하더라도 스스로 자신의 고정관념이나 편견을 깨닫기는 의외로 어렵다. 혹은 '난 그런 거 없어'라고 생각하는 사람도 많을 것이다.

그럼 당신에게도 고정관념이 있는지, 사물을 다양한 측면에서 폭넓게 볼 수 있는지, 다음 퀴즈를 통해 체크해 보자. 퀴즈의 답은 다섯 가지 문제를 모두 푼 다음 보도록 하자.

● **고정관념 체크 퀴즈**

문제 1

어느 마을에 어떤 재판이든 진 적 없는 수완 좋은 변호사가 있었다. 어느 날 밤, 집에서 쉬고 있던 변호사는 '아드님이 사기 피해를 당했다'는 경찰의 연락을 받고 급히 정장으로 갈아입고 평소 자랑해 마지않던 자신이 아끼는 차를 몰고 경찰서로 달려갔다. 하지만 경찰관이 확인하자 청년은 '이 변호사는 우리 아버지가 아니다'라고 말했다. 청년은 거짓말을 할 사람이 아니었다. 어떻게 된 일일까?

문제 2

어느 날, 타로와 하나코는 일 때문에 어린 요스케와 미사키를 집에 두고 외출했다. 밤이 되고 두 사람이 집으로 돌아왔을 때 대체 무슨 일이 있었던 것인지 요스케가 미사키를 살해하고 있었다.

두 사람은 놀랐지만 경찰에 신고하지 않고 그날 밤 미사키를 정원에 묻었다. 그리고 옆집 부부가 산책하다가 이 모든 상황을 목격했다.

그런데 며칠이 지나도 타로과 하나코는 체포되지 않았다. 요스케 역시 아무 일도 없었던 것처럼 살고 있다. 도대체 무슨 일일까?

문제 3

교통안전 주간이던 어느 날, 쇼는 운전 중 빨간불의 교차로를 신경 쓰지 않고 지나갔다. 그는 그 후에도 여러 번 계속해서 신호를 무시했지만 조수석에 앉은 류지는 오히려 '속도를 더 내!'라고 쇼를 재촉했다.

교차로에는 경찰관도 있었지만 쇼는 단속에 걸리기는커녕 주의조차 받지 않았다. 왜 그랬을까?

문제 4

결혼하기로 한 쇼코와 켄타는 아르바이트하는 카페에서 혼인신고서를 쓰고 있었다. 깔끔하게 다 작성한 신고서에 어쩌다가 홍차를 꽤 많이 떨어뜨렸다. 그런데 몇 분 후, 두 사람은 아무 일도 없었다는 듯 구청에 그 혼인신고서를 제출하러 갔다. 어떻게 된 일일까?

문제 5

신의 손이라고 불리는 심장외과 의사 타츠야는 지금까지 수많은 어려운 수술을 성공시킨 명의다.

어느 날, 병원에 메구미라는 여성이 찾아와 '최근에 다른 병원에서 나에게 심장이 두 개 있다는 진단을 받았다'고 타츠야에게 말했다. 타츠야는 처음 겪어보는 일이라 속으로 무척 놀랐다. 결국 메구미는 타츠야에게 진찰조차 받지 않고 다른 의사의 도움을 받겠다는 말을 남기고 돌아갔다. 그런데도 타츠야는 속상해하기는커녕 오히려 기뻐했다. 왜 그랬을까?

퀴즈의 답은 다음과 같다.

● **고정관념 체크 퀴즈의 답**

문제 1의 답

변호사는 소년의 어머니였다. 한 번도 진 적 없는 '수완 좋은 변호사', '정장으로 갈아입고', '자랑해 마지않던 자신이 아끼는 차를 몰고'라는 문장을 읽고 바로 남성을 떠올린 사람은 젠더에 대한 '고정관념'을 버리자.

> 문제 2의 답

요스케는 시바견, 미사키는 햄스터였다. 요스케와 미사키를 '사람'이라고 생각하면 절대 추측할 수 없다.

> 문제 3의 답

쇼와 류지는 구급대원이다. 운전하고 있는 차는 일반 차량이 아니라 구급차였고 그들은 환자를 급히 병원으로 이송하는 중이었다.

> 문제 4의 답

혼인신고서 위에 떨어뜨린 것은 마른 홍차 잎이었다. 쇼코와 켄타가 카페 손님이 아니라 아르바이트생이라는 것이 포인트다. 카운터 안에서 벌어진 일이라고 상상한다면 그다지 어려운 문제는 아니다.

> 문제 5의 답

메구미와 타츠야는 부부였다. 두 사람은 오랫동안 불임으로 고생했는데 메구미의 갑작스러운 임신 소식에 타츠야는 놀라고 기뻐했다.

자, 다섯 개 중에서 정답을 몇 개나 맞췄는가? 나도 의외로 고정관념이 있구나, 그리고 한 번 생각이 고정되면 좀처럼 다른 관점으로 보기 어렵다는 것을 깨달았으리라.

우선 **스스로 나의 고정관념이 얼마나 강한지를 깨닫는 것이 '객관적인 눈'을 키우는 첫걸음이다.** 그럼 이제 자녀의 '객관적인 눈'을 키우고 '주관적으로 사물을 보는 시각'을 개선하는 관찰 트레이닝을 시작해 보자.

주관이 강한 아이에게
'객관적인 시각'을 갖게 하는 방법

우리 아이가 고정관념에서 벗어나 객관적인 시각을 키우기 위해서는 무엇을 해야 할까?

① 다양한 사람들과 교류하고 여러 가지를 경험하며 견문을 넓히고 시야를 확장한다.
② 내가 쓴 글을 지도해 주는 사람에게 보여주고 다른 시각으로 조언을 얻는다.
③ 나의 사고방식이 틀렸다는 것을 깨달을 때까지 여러 번 실패해 본다.

이렇게 하면 주변에서 객관적 시각을 가졌다는 말을 자주 들을 수 있게 된다. 사실 나는 20대 초반에 이 세 가지를 경험하면서 객관적으로 보는 힘이 비약적으로 커진 적이 있다.

지금의 직업을 갖기 전에 나는 20년 가까이 방송 분야에서 일했다. 방송국에 입사하고 처음 발령받은 곳은 보도제작국이라는 뉴스 현장이었다. 전국적으로도 여성 기자가 아직 많지 않았던 때라 남성 기자들과 함께 밤낮없이 필사적으로 사건 사고를 쫓아다녔다.

그전까지 나와 비슷한 환경에 있는 사람들만 만났던 평범한 일상은 입사 후 180도 바뀌었다. 24시간 체제로 살인 사건이나 화재, 인명 사고 등의 현장으로 불시에 달려가 지금까지 만난 적 없는 다양한 사람들, 즉 용의자나 피해자, 경찰 관계자 등과 이야기를 나누다 보니 좋든 싫든 견문이 넓어졌다.

게다가 신인 기자가 쓴 원고는 매번 데스크(편집장)의 엄격한 체크를 받았다. 고쳐서 기사로 쓸 수 있다면 그나마 괜찮은 편이고, 밤새 쓴 원고가 갈기갈기 찢기거나 한마디 이유도 못 듣고 쓰레기통에 던져버려진 적도 있었다. 스스로 잘 썼다고 생각해서 그때는 몸이 떨릴 정도로 화가 났지만 지금 생각해 보면 버릴만한 원고였다.

당시 나의 기사에는 주관이 들어가 있어 객관성을 중시하는 보도 방송에서는 쓸 수 없었다. 하루가 멀다 하고 실수해서 취재 장소에서 베테랑 기자에게 혼나고, 원고를 쓸 때마다 데스크에서 지적받고 다시 써야 하는 일이 반복되면서 어느 순간 뚝 하고 나만의 기준이 깨지는 소리가 났다.

그러고 나서 나만의 주관적인 기준 대신 툭 하고 가슴 속에 다른 기준이 세워지는 것을 분명히 느꼈다. 그것은 그토록 바라던 저널리스트의 '객관적 시각'이었다. 가족이나 가치관이 비슷한 친구들, 그런 작은 세상 속에서 내가 만들어내고 붙잡고 있었던 '고정관념'으로부터 겨우 해방된 것이다.

그날 이후 나는 새로운 세상에 눈을 뜬 것처럼 '내가 어떻게 생각하는가'뿐만 아니라, '시청자라면 어떻게 생각할까? 일반 시민이라면 어떻게 생각할까? 범인이라면? 피해자라면?' 하고 **하나의 사건을 여러 입장에서 다면적으로 볼 수 있게 되었다.**

즉, 이 경험을 통해 내가 하고 싶은 말은 바로 이것이다. 객관적인 시각을 키우려면 내가 신입 시절에 받았던 기자 교육을 아이들이 비슷하게 경험할 수 있도록 하면 되지 않을까?

이와 같은 순차적인 교육을 거치면 '내가 어떻게 생각하는가'는 물론이고, **'주인공은 어떤 생각을 했을까?', '작가는 무엇을 전달하고 싶었을까?', '출제자가 요구하는 것은 무엇일까?'** 등 문장 독해에 무엇이 필요할지 손에 잡힐 듯이 알게 될 것이다.

나는 이 가설을 바탕으로 신입 기자를 키우는 프로그램, 즉 되도록 주관을 배제하고 사실을 객관적으로 정확하게 말로 전달하는 트레이닝을 국어 교육에 도입하여 오랫동안 학원에서 실행하고 있다.

그 결과 실제로 많은 아이들이 '객관적 시각'을 갖는 데에 성공했다. 자신의 시각이 다면적으로 넓어진다는 것은 아이들에게 충격적인 변화다.

이제부터는 집에서도 할 수 있는 트레이닝 방법을 몇 가지 소개할 것이니 꼭 도전해 보길 바란다.

공간적 관점을 넓혀주는 '그림 관찰' 트레이닝
— 다면적 시각을 갖게 해주는 방법

　보통, 사람들은 보도 프로그램을 시청하는 쪽이라 보도하는 쪽에 선다고 생각해 보면 입장(관점)이 뒤바뀐다. 자녀가 이런 경험을 하길 바란다면 다양한 것을 보여주고 리포트를 쓰도록 하면 된다. 입시를 위한 학원에서 하는 수동적인 수업과는 완전 다르다!
　하지만 매번 중계 현장에 나가듯이 아이들을 교실 밖으로 보낼 수는 없기 때문에 교실 안에서 무슨 일이 일어나고 있는지 보고 글을 쓰도록 할 수밖에 없다. 그래서 구상한 것이 '그림 관찰 작문'이다. 그림 속에서 무슨 일이 일어나고 있는가? 그림에서 무엇을 알 수 있는가? 상세하게 그림을 관찰하고 알게 된 것을 하나씩 말로 표현하도록 한다.

STEP 1 착시 그림 관찰 작문

먼저 유명한 '착시 그림'을 이용하여 관점을 바꾸는 연습부터 해보자. 다음 두 그림을 차분히 관찰하고 그림을 보는 두 가지 방법에 대해 작문하도록 한다. 작문 예시는 다음 페이지에 있다.

▲ 착시 그림 1 제공: PIXTA

▲ 착시 그림 2 제공: PIXTA

> **착시 그림 1의 작문 예시**

　처음 이 그림을 봤을 때 저는 왼쪽을 보고 있는 토끼 그림이라고 생각했습니다. 하지만 다르게 볼 수 있지 않을까 하고 계속 바라보니 점점 토끼의 '귀' 부분이 '부리'처럼 보여서 오른쪽을 보고 있는 오리일 수도 있겠다는 생각이 들었습니다.
　어느 쪽으로도 볼 수 있기 때문에 저는 둘 다 맞다고 생각합니다.

> **착시 그림 2의 작문 예시**

　이 그림은 언뜻 보면 젊은 여인의 옆모습을 뒤쪽에서 보는 그림으로 보였습니다. 하지만 '그림이 두 가지로 보인다'고 해서 조금 더 자세히 살펴보았습니다.
　그러자 여인의 귀가 사람 눈처럼 보인다는 것을 알게 되었습니다. 귀를 눈이라고 생각하고 살펴보니 코에서 턱까지 이어진 선이 큰 코로, 목걸이는 입술로 보였습니다. 그렇게 보니 이 그림은 젊은 여인이 아니라 매부리코에 턱이 긴 노파의 옆얼굴을 그린 그림이 됩니다.
　일단 두 얼굴이 보이기 시작하면 더 이상 처음 봤을 때처럼 그림을 볼 수 없어서 관점을 바꾸는 것이 재미있다고 생각했습니다.

> **STEP 2** 〈채소 기르는 사람〉 관찰 작문

STEP 1이 너무 쉬웠다고 하는 아이에게는 다음 그림의 관찰 작문을 해보도록 하자.

▲ 주세페 아르침볼도 〈채소 기르는 사람〉   제공: アフロ

> **문제 1**
> 이것은 어떤 그림일까요? 100자 정도로 설명해 보세요.

> **문제 1의 답안 예시**
>
> 이 그림은 검은 도자기 그릇에 채소가 산더미처럼 쌓여있는 그림입니다. 당근과 양파, 무 등 여러 종류의 채소가 마치 꽂꽂이한 것처럼 높고 입체적으로 아름답게 그릇에 담겨있습니다.

그럼, 이어서 다음 질문이다.

> **문제 2**
>
> 이 그림은 〈채소 기르는 사람〉이라는 제목이 붙어있는데 왜 그렇다고 생각하나요? 이유를 설명한 다음, 당신이 생각한 것을 작문해 보세요.

이 질문을 하면 아이들은 대부분 팔짱을 끼거나 머리를 싸매고 고민하기 시작한다. 우리 학원은 제한 시간이 없으니 길면 한 시간 가까이 생각하는 아이도 있다. 그런데 일부 아이들은 곧바로 그림을 손에 들고 여러 각도에서 보기 시작한다. 그러면 바로 답을 알게 된다. 그렇다, 그림을 거꾸로 보면 된다.

> **문제 2의 답안 예시**
>
> 제목이 〈채소 기르는 사람〉인 이유는 그림을 위아래를 뒤집어 보면 알 수 있습니다. 거꾸로 보면 다양한 채소로 그려진 농부의 얼굴이 보입니다. 검은색 그릇은 농부의 모자입니다.

> 아르침볼도는 농부가 정성껏 기른 작물로 얼굴을 그려서, 인간의 얼굴에는 그 사람의 평소 생각이나 하는 일이 새겨진다는 것을 우리에게 전달하고 싶었던 것이 아닐까 생각합니다.
>
> 또 아르침볼도가 이 그림을 거꾸로 그린 이유는 어떤 일이든 다른 각도에서 생각해 보는 것이 중요하다는 사실을 알리기 위해서라고 생각합니다.

이처럼 평면의 캔버스에 그려진 그림조차 관점을 바꾸어 감상하지 않으면 진실은 보이지 않는다. 다양한 관점에서 세상을 바라보지 않으면 재미있는 점, 중요한 사실을 발견할 수 없다. 단 한 장의 그림이 아이들에게 어른들의 잔소리보다 훨씬 효과적으로 '시야를 넓히는' 것의 중요성을 가르쳐준다.

이러한 관점 전환 트레이닝을 경험한 아이들은 처음 본 것이나 처음 생각한 것만이 진실이 아니라는 사실을 깨닫게 된다. ==관점을 바꾸어 다른 면을 발견하도록 하는 관찰·사고 경험을 반복하며 진실은 하나가 아니라는 사실을 이해시키자.==

세상에서 일어나는 여러 분쟁은 어느 쪽이 악이고 어느 쪽이 선이라고 단순하게 결정할 수 없다. 어느 쪽이든 각자의 정의가 있고 주장하는 바가 있다. 나의 의견만 고집하면 다툼이 커지고 결국 전쟁으로 번질 가능성도 있다는 것을 알려주자. 평화로운 세상을 만들기 위해서라도 아이들이 다면적으로 세상을 보는 법을 배우길 바란다.

STEP 3 〈폴리베르제르 바〉 관찰 작문

다음 그림은 어느 정도 그림 관찰이 익숙해진 상급 관찰 작문에 활용하는 마네의 걸작 〈폴리베르제르 바〉이다.

▲ 에두아르 마네 〈폴리베르제르 바〉   제공: アフロ

문제

이 그림을 자세히 살펴보고 알게 된 것(사실)과 느낀 것(의견)을 설명해 보세요. (여러분도 페이지를 넘기기 전에 생각해 보세요.)

이 그림은 바 카운터에 서있는 종업원을 정면으로 그린 그림이지만, 자세히 보면 그녀의 뒤가 '큰 거울'로 되어있다는 것을 알 수 있다. 그녀가 보고 있는 풍경이 거울에 비춰서 그녀의 뒤쪽으로 펼쳐져 있는 독특한 구도로 되어있다.

고등학교 2학년인 한 학생은 이 그림을 가만히 바라보다가 몇 분 만에 이 사실을 깨달았다. 그리고 '거울 속에서는 남성이 여성에게 말을 걸고 있는데 카운터 앞에 남성을 그리지 않은 이유는 무엇일까?'라는 주제의 관찰 작문을 썼다.

또한 그는 '여성의 표정'에도 주목했다. 바 안에서는 공중그네 같은 쇼가 진행되고 있다는 것을 알 수 있고(그림 왼쪽 위), 여러 남녀가 술을 마시면 대화를 나누고 있고 가게 안은 상당히 북적이고 있다. 그런데 여성의 표정은 왠지 공허하고 감정을 잃은 것처럼 보인다.

해당 학생은 '소란스러운 가게와 대조적으로 이 여성은 깊은 고독을 느끼는 것 같다'고 여성의 심정을 읽어냈다. 그가 읽어낸 것처럼 폴리베르제르 바는 당시 술뿐만 아니라 매춘부도 있는 가게였고, 모델이 된 여성은 매춘부였다고 한다.

여러분은 이 그림의 배경이 '거울 속 풍경'이라는 것을 바로 알아챘을까? 그리고 이 여성의 '고독감'을 읽어냈을까?

이 학생은 초등학교 저학년 때부터 객관적인 눈을 키우는 트레이닝을 받았기 때문에 사물을 볼 때 선입견이 없고 모든 일을 다면적으로 파악할 수 있었다.

그림 속 풍경은 눈앞에 정면으로 보이는 것을 그려야 한다는 '고정관념'이 있다면 이 그림을 제대로 볼 수 없을 것이다. **평소에도 내가 가지고 있는 상식을 의심하고 고정관념을 배제해 보는 것이 중요하다**는 사실을 알 수 있는 그림 관찰이다.

자, 이어서 공간적 시야뿐만 아니라 시간축의 시야를 넓히는 트레이닝을 해보자.

시간적 관점을 넓혀주는
'비교 관찰' 트레이닝

　세상은 시시각각 변하고 있기 때문에 멈춰있는 것만 관찰해서는 시대의 변화에 대응할 수 없다. 넓은 시야로 사물을 바라보기 위해서는 공간적인 관점을 넓힐 뿐 아니라 과거, 현재, 미래로 시간축을 이동하면서 대상을 바라보는 관점을 키우는 것이 중요하다. 지금 같은 상태가 되기 전에는 어땠을까? 왜 이런 상태가 되었을까? 이제 어떻게 해야 할까?

　우리는 과거를 돌아보고 미래를 생각함으로써 현재 직면하고 있는 문제를 발견하거나 문제 해결의 실마리를 찾을 수 있다. 자유자재로 시간축을 옮겨갈 수 있는 폭넓은 시야를 갖기 위해 초등학생부터 중학생까지 다양한 연령대에서 할 수 있는 '비교 관찰 그룹 활동'을 소개하겠다. 이 활동은 여섯에서 여덟 명 정도 그룹으로 진행하지만 더 많은 인원수로 할 수 있고 가정에서 자녀와 함께 둘이 해도 괜찮다.

> **Theme** 비교 관찰 '옛날 여행 VS 요즘 여행' 그룹 토론

토론 의제는 '옛날 여행과 요즘 여행, 어느 쪽이 더 좋은 여행일까?'이다. 갑자기 '토론해 보세요'라고 한다면 아이들은 옛날 여행을 경험한 적이 없으니 어려움을 겪는다. 여기서 다시 '그림'의 도움을 받아보자.

준비한 그림은 우타가와 히로시게의 우키요에* 〈도카이도 53역참 중 11번째 하코네 한밤중의 횃불잡이〉(1849-52간제)이다. 지금은 신칸센을 타고 편안하게 여행할 수 있는 도카이도**지만 에도시대 사람들은 어떻게 도카이도를 여행했는지 이 그림을 보고 상상해 볼 수 있다. 먼저 이 그림을 천천히 살펴보고 옛날 여행에 대해 알게 된 것(사실)을 찾아보자.

다음 그림을 보여주고 자녀에게 알게 된 것(사실만)을 말하라고 해보자.

---

* 일본 에도시대 서민 계층 사이에서 유행하였던 목판화이다.
** 도쿄부터 교토까지 해안선을 따라 난 길.

▲ 우타가와 히로시게 〈도카이도 53역참 중 11번째 하코네 한밤중의 횃불잡이〉 제공: アフロ

'옛날 여행'은 아래 정도 의견이 나온다.

- 대부분의 사람들이 걸어서 이동한다.
- 교통수단은 가마, 인력으로 사람이나 물건을 운반한다.
- 밤에는 어두워서 횃불로 길을 밝힌다.
- 길이 포장되어 있지 않아 걷기 힘들다.

이처럼 순식간에 '옛날 여행'의 특징을 글로 쓸 수 있다.

이번에는 '요즘 여행'에 대한 사실을 나열해 보도록 하자. '요즘 여행'은 이 정도 의견으로 볼 수 있다.

> - 자동차나 비행기 등 여러 가지 이동 수단을 선택할 수 있다.
> - 예전만큼 이동하는 시간이 오래 걸리지 않는다.
> - 가로등이 있어 밤에도 길이 밝다.
> - 도로와 철도, 다리 등 쾌적하게 여행할 수 있는 시설이 마련되어 있다.

이처럼 이것 또한 여러 가지가 나올 수 있다.

다음으로 이러한 사실을 바탕으로 '옛날 여행과 요즘 여행'을 비교해 보고 든 생각과 의견을 이야기해 보도록 한다. '어느 쪽이 더 좋은 여행인가?'에 대하여 30분 정도 토론하고 모든 사람의 의견을 취합해 보자.

토론이 시작되면 옛날 여행에 대해 '불편하다', '위험하다', '어둡다', '힘들 것 같다' 같은 부정적인 의견을 가진 아이도 있지만 '여행을 천천히 즐길 수 있을 것 같다', '스릴이나 설렘이 엄청날 것 같다' 등 긍정적인 의견을 가진 아이도 있다.

왜 그렇게 생각하는지, 어떤 근거로 그런 의견을 냈는지 이야기를 나누고 최종적으로 어떤 여행의 손을 들어줄지 가만히 지켜본다. 초등학생의 경우 토론을 이끄는 사회자가 필요하지만, 중학생이라면 너무 참견하지 말고 아이들끼리 토론하도록 지켜본다.

언젠가 초등학교 3~6학년 아이들이 있는 반에서 이 토론을 진행한 적이 있었다. 초반에는 압도적으로 '요즘 여행'이 지지를 받았는데 초등학교 6학년인 한 남학생의 발언을 기점으로 이야기의 흐름이 크게 달라졌다. 그 아이는 다음과 같이 말했다.

"난 옛날 여행이 더 멋지다고 생각해. 아무리 생각해도 친환경적이고 지구 환경에 도움이 될 것 같아."

이 발언 전까지는 모두 여행 수단이나 위험 정도에만 관심 있어서 '지구 환경을 생각한다'는 관점은 전혀 없었다. 그런데 일단 한 번 새로운 시각을 얻게 되니 모든 아이들이 사고하는 스케일이 넓어졌고, 이전까지 부정적이었던 '옛날 여행'을 지지하는 쪽으로 이야기의 흐름이 바뀌었다.

옛날에 지구 환경을 생각하는 사람이 있었는지는 모르겠지만 현재를 살아가는 아이들에게 지구 환경을 지키는 것은 큰 과제 중 하나다. 요즘 여행만 본다면 '여행'과 '지구 환경'을 연결 지어 생각할 일이 없을지도 모르지만, 이렇게 과거의 여행을 관찰함으로써 현대 여행의 문제점이 부각된 것이다.

다음 작문은 참여자 중 가장 어렸던 초등학교 3학년 남학생이 토론 후 쓴 옛날 여행과 요즘 여행에 대한 비교 작문이다. 이 학생은 국어를 잘하지 못해서 초등학교 2학년 봄에 학원에 왔다. 그 후 국어 실력이 쑥쑥 올라서 초등학교 3학년 봄에 일본 전국 통일 초등학생 시험인 '요츠야 오츠카'에서 결승 작문 심사에 진출하여 멋지게 전국 3위의 성적을 거둔 학생이다.

초등학교 3학년으로 보이지 않는 풍부한 어휘력으로 그림의 모습을 매우 잘 표현했다.

> 〈여행에 대해 생각하다〉_초등학교 3학년 남학생 작문

오늘은 우타가와 히로시게의 〈도카이도 53역참 중 11번째 하코네 한밤중의 횃불잡이〉를 보고 옛날 여행과 요즘 여행을 비교해 보겠습니다.

먼저 그림에 대해 설명하겠습니다. 이 그림은 울퉁불퉁한 바위가 있고 소나무도 있는 산길을 한 무리의 여행자들이 걷고 있는 그림입니다. 일행은 남자 일곱 명으로 구성되어 있습니다. 가운데에는 가마에 타고 있는 여행자와 그 앞뒤로 가마꾼 두 명이 있습니다. 그리고 가마를 사이에 두고 횃불잡이 두 명이 있습니다. 조금 뒤로 떨어져서 짐꾼도 한 명 보입니다. 또 그 뒤에는 여행자의 시종으로 보이는 듯한 사람이 삿갓과 도롱이를 걸치고 걷고 있습니다.

가마는 나무로 만들어졌고 높이가 어른 키의 5분의 3 정도이며 폭은 어른이 딱 맞게 앉을 수 있을 정도의 크기입니다. 가마 가운데에는 방석이 깔려있고 그 방석 위에 사람이 있는 구조입니다. 가마에 탄 여행자를 제외한 모두가 소매를 걷어 붙이고 옷자락을 걷어 올리고 있는 것으로 보아 추운 계절이 아니라는 것을 알 수 있습니다. 횃불이 길고 선명하게 타오르는 모습에서 어둠이 깊은 밤이라는 사실을 알 수 있습니다.

저는 이 그림을 보고 옛날 여행과 요즘 여행에 대해 비교하며 생각해 보았습니다. 공통점은 어느 시대나 여행은 '미지의 영역에 다가가는' 설렘이 있다는 점입니다. 차이점은 세 가지

가 있습니다. 첫 번째는 옛날 여행이 훨씬 친환경적이라는 점입니다. 두 번째는 요즘 여행은 여행 수단이 발달해서 쾌적하고 시간을 단축할 수 있습니다. 세 번째는 요즘 여행이 덜 위험하다는 점입니다.

이런 면에서 저는 옛날 여행과 요즘 여행을 비교했을 때 예나 지금이나 여행의 설렘은 달라지지 않았지만 단연코 옛날 여행이 더 좋다고 생각합니다.

왜냐하면 걸어서 시간을 들여 고생하며 겨우 여행지에 도착했을 때의 성취감이 무척 클 것이라는 생각이 들고, 요즘 중시되고 있는 친환경적의 관점에서 봐도 요즘 여행보다 훨씬 우수하기 때문입니다. 요즘 여행은 시간을 단축할 수 있고 덜 위험하고 쾌적할지 모르지만, 친환경적이지 않고 성취감도 그다지 크지 않다고 생각합니다. 그래서 저는 옛날 여행과 요즘 여행을 비교한다면 옛날 여행이 더 멋지다고 생각합니다.

이처럼 **토론이나 논쟁 후에 글을 쓰게 하면 나 혼자만의 관점이 아니라 타인의 관점도 더해져 하나의 주제를 다면적으로 생각한 좋은 글이 나온다.**

또한 이렇게 하나의 주제에 대해 시대를 바꿔가며 생각하는 경험을 해본다면 아이들이 다양한 주제에 대해 사고할 때 시공간을 자유자재로 이동할 수 있는 넓은 시야를 갖게 된다. 이런 식으로 계속 트레이닝하면 자녀의 사고 스케일이 점점 커질 것이다.

자 그럼 비밀을 알려줄게. 사물은 말이지,
마음으로 보지 않으면 잘 안 보여.
가장 중요한 것은 눈에 보이지 않아.

_ 생텍쥐페리, 《어린왕자》 중에서

5장

'보이지 않는 것을 보는 눈'을 키우면
최고의 문해력을 갖게 된다

'보이지 않는 것을 보는 눈'을 키워서 글자 그대로 읽기를 개선하자!

초등학교 3~4학년이 되면 학교 수업이 갑자기 어려워졌다고 느끼는 아이들이 많아진다. 모든 교과목에서 실체가 없는 것을 이미지화하는 '추상적 사고력'을 필요로 하기 때문이다.

예를 들어 수학에서 분수나 소수점 등이 나오고 과학이라면 전기나 식염수의 농도 등 눈에 보이지 않는 것을 상상해야 한다.

그렇지만 이 장에서는 그런 '추상적 사고력'에 대해 이야기하지는 않는다. 구체와 추상을 오가며 국어 실력을 향상시키는 책들은 시중에 이미 많이 나와있고, 이 책을 찾게 된 분들이라면 이미 그런 책 한두 권쯤을 읽었을 것이다.

그럼 여기서 말하는 '보이지 않는 것을 보는 눈'이란 어떤 것일까? 그것은 보이는 것을 단서로 삼아 그 안에 숨어있는 보이지 않는 것을 추리·통찰하는 힘을 말한다. 사물의 본질을 파악한다는 점에서 추상적 사고력과 같지만 사물의 공통점을 발견하여 '개념화'한다는 점이 다르다.

셜록 홈스처럼 '보이지 않는 것을 보는 눈'이 있으면 무엇을 보더라도 고차원적으로 사물을 이해할 수 있고, 언뜻 보기에 아무 연관도 없는 듯한 것을 관련지을 수 있게 된다.

그렇게 되면 **발상이 풍부해져서 이미 알고 있는 지식을 다양한 상황에 응용할 수 있다**. 무조건 외우기만 하는 주입식 공부를 하는 아이와는 질적으로 다른 '현명함'을 갖게 된다. 그것이 바로 하나를 보면 열을 아는 힘이고 '보이지 않는 것을 보는 눈'이라고 할 수 있다.

뛰어난 관찰안은 공부할 때 어느 과목에서나 필요하지만 특히 국어에서 관찰안이 중요하다고 생각한다. 왜냐하면 작중에서 캐릭터의 심경을 읽어내는 열쇠나 작가의 메시지는 글 속에 단 몇 글자로 표현되거나 등장인물의 표정, 사소한 몸짓 등에 숨겨져 있는 경우가 많기 때문이다. 그리고 이는 결국 모든 과목에 기초가 되는 문해력으로 연결이 된다.

내가 존경하는 아동문학 작가 스기 미키코의 작품 가운데 전쟁 중 폭격의 표적이 되지 않기 위해 검게 칠해지고 종소리를 울리는 것조차 금지된 〈어느 시계탑의 역사〉라는 이야기가 있다. 검게 칠해진 시계탑은 전쟁이 끝난 후에도 원래대로 돌아오지 못하고 결국 해체하게 되었다. 이야기의 마지막에서 종은 '열세 번 울리고 영원히 침묵했다'라고 적혀있다.

보통 끝까지 다 읽고 나서 '아, 그렇구나' 하고 독서를 끝내겠지만, '보이지 않는 것을 보는 눈'이 있는 아이는 '열세 번'이라는 부분에서 '왜?'라고 의문을 품는다. '왜냐하면 시계는 보통 열두 번만 울리잖아요. 이상하지 않아요?' 하고 상당히 중요한 부분에 주목한다.

여기서 다시 한 번 생각해 보자. 확실히 이상한 부분인 것이다. 왜 종은 열세 번 울렸을까? 거기에 작가의 메시지가 숨겨져 있을지도 모른다. 다음 문단으로 넘어가기 전에 여러분도 생각해 보자.

조금 생각할 시간을 주면 '보이지 않는 것을 보는 눈'이 있는 아이는 이런 사실을 깨닫는다.

"아, 열세 번째는 시계탑이 하고 싶었던 말이에요! 평화라는 말이죠."

기분이 좋아질 정도로 딱 맞는 깊이 있는 해석이다. 여러분은 왜 열세 번인지 이제 깨달았을까? 눈치 챈 사람은 상당히 뛰어난 추리력과 통찰력을 지녔다고 할 수 있다.

시계탑은 사람이 아니라서 말을 할 수 없다. 하지만 아름다웠던 외관을 전쟁 때문에 새까맣게 칠하고 오랫동안 울리는 것조차 금지되었으니 만약 시계탑에 마음이 있다면 얼마나 슬펐을까? 전쟁이 끝나고 철거하게 된 시계탑은 마지막 힘을 다해 마을 사람들에게 '평화'의 소중함을 알린 것이다. '평화平和'라는 한자를 써보면 '13획'이다. 종을 열세 번 울림으로써 작가는 이 이야기를 읽는 아이들에게 '평화만큼 좋은 것은 없다'는 메시지를 전하고 싶었던 것이 아닐까.

이처럼 이야기에 숨겨진, 글자로 표현되지 않은 정보를 글에서 읽어내는 힘이 생기면, 같은 책을 읽어도 겉으로 보이는 글자만 읽는 아이와는 전혀 다른 차원의 재미와 감동을 느낄 수 있다.

이 정도로 읽을 수 있다면 이제 국어는 두렵지 않다. 국어 성적은 전국 톱 수준일 것이다. 참고로 '열세 번'의 의미를 읽어낸 중학교 1학년 학생은 나중에 게이오대학 법학부에 합격했다.

논리적으로 글을 읽고 쓰는 것도 물론 중요하다. 그런 능력만 있어도 국어에서 상당히 높은 점수를 받을 수 있을 것이다. 하지만 좀 더 심도 있는 독서를 즐기고 최고 수준의 독해력을 키우려면 논리력만으로는 부족하다. 역시 '보이지 않는 것을 보는 눈'이 필요하다.

이제까지 학생들이나 학부모들은 국어의 세계에서 그런 능력은 배울 수 있는 것이 아니고 스스로 찾아서 도달해야 하는 영역이라고 생각했었다. 대체로 옛날에는 전부 다 가르쳐주지 않고 공부하는 방법을 알게 하여 학생들의 호기심을 최대한 끌어내는 지도법이 좋다고 여겨졌다. 확실히 그렇게 가르치지 않으면 학생들은 '알고 싶다'는 욕구가 생기지 않고 의욕적으로 비법을 알고자 하는 학생이 나오기 어려울 것이다. 하지만 이런 방법으로 한 명의 천재가 탄생하는 이면에, 사실 많은 사람들이 그 과정에서 흥미를 잃고 낙오하게 된다.

주변에 게임기와 IT 기기가 넘쳐나고 어른들은 물질적 풍요만을 추구하는 현대사회. 종교 교육은 물론 철학 교육조차 공교육에 들어가지 않는 이 나라에서 '눈에 보이지 않는 것의 중요함'을 속

삭이듯 호소하는 책의 은근한 메시지를 아이들이 스스로 알아내기는 이제 어려운 일이다.

만약 아이들이 책과 활자에서 멀어지는 상황이 계속되는 원인이 이러한 낡은 지도법 때문이라면 우리 어른들은 하루라도 빨리 아이들에게 문해력과 국어의 진정한 재미를 '진지하게' 알려주지 않으면 너무 늦어버릴 것이다.

그래서 나는 문해력과 국어에 대해 알고 있는 것을 아낌없이 아이들에게 전부 알려주려고 한다. 혼자 공부하면 수십 년이 걸리는 것도 누군가 가르쳐주면 몇 년 만에 습득할 수 있다. 배우지 않으면 평생 모르고 지나갔을 것도 어릴 때 보다 쉽게 깨달을 수 있다. 그렇게 되면 아이들은 우리 어른들이 도달한 것보다 훨씬 더 멀리 앞으로, 본인 힘으로 나아갈 수 있을 것이다.

그리고 계속 그렇게 지도한 결과, 우리 학생들은 열여덟 살 때의 나보다 훨씬 뛰어난, 고등학생답지 않은 국어 실력을 갖추어 대학에 진학하게 되었다. 원하는 대학에 높은 성적으로 합격했을 뿐만 아니라, 대학 진학 후에도 왕성한 지적 호기심, 뛰어난 논문 작성 능력 등으로 인해 우수한 성적을 거두고 있다.

오해하지 않도록 말해두지만, 아낌없이 가르친다는 것이 생각할 틈도 없이 아무거나 다 가르치는 것과는 완전히 다르다. 우리 학원은 생각할 시간을 보통 학원보다 훨씬 많이, 말 그대로 부모님이 걱정할 정도로 충분히 주고 있다. '한 문제 푸는 데에 이 정도로 시간이 걸려도 괜찮은가요?'라고 문의하는 경우가 꽤 많은데 보호자가 보기에 상당히 애가 탈 거라고 생각한다.

왜 그렇게까지 생각하게 할까? 그것은 **추리력이나 통찰력의 원천인 '보이지 않는 것을 보는 눈'이 배운다고 해서 하루아침에 생기는 것이 아니기 때문이다.** 충분한 시간을 들여 다양한 사고 경험을 하게 하고 스스로 충분히 생각하는 것 말고는 다른 방법이 없다.

그렇다면 이렇게 어렵고 시간이 걸리는 '보이지 않는 것을 보는 눈'을 키우는 트레이닝은 어떻게 해야 할까? 당장 시작할 수 있는 간단한 방법을 몇 가지 소개하겠다.

보이지 않는 것을 추리·통찰하는 관찰 트레이닝

트레이닝 시작 전에 당부하고 싶은 것이 있다. 두 가지 트레이닝에서 아이들에게 그림만 먼저 보여주고 문제를 던지도록 해보자.

STEP 1 방 주인은 어떤 사람일까?

다음 페이지의 그림은 빈센트 반 고흐가 자신의 침실을 그린 〈아를의 침실〉(세 번째 버전)이라는 작품이다. 아이에게는 고흐의 침실이라고 알려주지 말고 그림을 관찰하게 하여 문제에 도전해 보자.

제공: アフロ

> **문제**
>
> 위 그림을 관찰하고 찾아낸 사실을 차근차근 문장으로 써보세요. 그 후, 이 방의 주인은 어떤 사람일지 추리해서 작문하세요.

아이가 작문을 마치면 발견한 것(사실) 중에 주관이 들어가지 않았는지 확인한다. '○○해서 ○○라고 생각한다'와 같은 문장이 있다면 사실만 쓰라고 조언하고 다시 쓰도록 지도한다.

관찰로 발견하면 좋은 포인트는 다음과 같다.

> **답안 예시**
>
> - 방의 벽은 파란색이고 좌우에 파란색 문이 두 개 있다.
> - 방 오른쪽에는 나무로 만든 침대가 놓여있고 베개가 두 개 있다. 시트는 하얀색이고 침대 커버는 빨간색이다.
> - 방 안쪽에 초록색 창틀이 있고 창문은 조금 열려있다. 밖은 밝다.
> - 방 바로 앞과 안쪽에 나무 의자 두 개가 있고 앉는 부분은 초록색이다.
> - 벽에는 그림 다섯 장이 걸려있고 그중 두 장은 인물화라는 것을 알 수 있다.
> - 창가 벽에는 거울과 수건이 걸려있고 거울 앞 작은 나무 책상 위에 물 주전자와 컵 등 작은 물건들이 놓여있다.
> - 침대 안쪽 벽에는 나무로 된 옷걸이가 있고 파란 양복 세 벌과 밀짚모자가 걸려있다.
> - 바닥은 갈색인데 많이 비뤘다.

 이처럼 상세하게 관찰, 서술했다면 매우 좋다. 표현이 이상한 부분이나 발견하지 못한 부분이 있다면 첨가 및 수정하도록 한다.
 자, 이어서 이 방의 주인이 어떤 사람일지 상상하는 추리 작문이다. 내가 '상당히 좋은 관찰안을 가졌다'고 감탄한 어느 여학생의 작문을 소개한다.

> 〈이 방 주인을 추리하다〉_중학교 3학년 여학생 작문
>
> 저는 이 방의 주인이 남다른 센스를 가진 남자라고 생각합니다.
>
> 왜냐하면 방의 색 조합이 꽤 독특하기 때문입니다. 벽과 문이 파란색인 것은 셋방이라면 어쩔 수 없었겠지만, 저라면 이 파란 방에 초록색 의자를 두거나 빨간 침대 커버를 쓰지는 않을 것 같습니다. 하지만 이렇게 여러 가지 원색을 써도 방이 잘 정리된 것처럼 보이므로, 평범하지 않지만 색깔에 대한 센스가 좋은 사람이라고 생각합니다.
>
> 남자라고 생각한 것은 옷이 양복의 파란 상의만 있기 때문입니다.
>
> 또 벽에 그림이 여러 개 걸려있는 것으로 보아 그림을 좋아하는 사람이라고 추측해 보았습니다.

이 글을 읽고 나는 그녀의 프로파일링 실력에 놀랐다. 그녀는 이 그림이 고흐의 침실이라는 사실은 전혀 모르고 관찰했지만, 여기 사는 인물의 모습을 추측하여 훌륭하게 고흐의 특징을 알아맞혔다.

자신의 귀를 잘라내는 등 정신적인 문제를 안고 있었던 '광기의 천재' 고흐. 이 방 역시 주인의 특성을 여실히 드러내고 있다는 것을 유추해 볼 수 있는 훌륭한 추리 작문이다.

STEP 2 **피카소의 메시지를 해석하다**

자, 다음 페이지 그림도 초등학교 고학년부터 고등학생까지 폭넓은 연령층의 관찰 트레이닝에 활용할 수 있는 파블로 피카소의 그림이다. 이 그림을 활용하여 그룹 토론을 해보자. 집에서 아이와 둘이 해보는 것도 좋다.

피카소라고 하면 바로 〈아비뇽의 처녀들〉과 같은 전위적인 그림을 떠올리는 아이들이 많아서 미리 말해주지 않으면 피카소가 그린 그림이라고 생각하는 아이들은 거의 없을 것이다. 그러니 처음에는 선입견을 주지 않기 위해서라도 작가와 작품 제목을 알려주지 않고 그냥 그림만 보여주고 관찰하도록 한다.

다음은 수업 중 이루어진 대화를 그대로 담았다. 이 수업은 여섯 명의 그룹 형식으로 진행되었다.

나 이 그림에서 무슨 일이 일어나고 있을까요? 발견한 걸 하나씩 말해봅시다.

학생A 침대에 환자가 누워있어요. 성별은… 잘 모르겠어요.

학생B 환자 왼쪽에 앉아있는 남자가 회중시계를 보면서 맥을 짚고 있어요. 의사인가?

학생C 오른쪽에 있는 여자는 수녀님인 것 같은데. 아이를 안고 환자에게 마실 것을 건네주고 있어요.

학생D 문틈으로 빛이 들어오고 있어서 수녀님이 서있는 벽 쪽

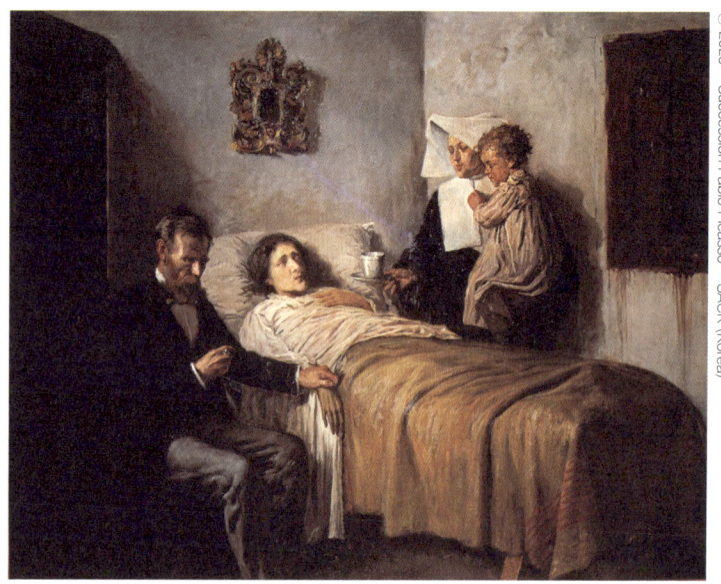

▲ 파블로 피카소, 〈과학과 자비 Science and Charity〉, 1897

       만 밝아요.

모두   진짜네. 남자가 있는 쪽은 왠지 어둡네.

학생E   침대 크기나 침구를 보니 환자의 집은 그다지 부유한 것 같진 않아요.

학생F   맥을 짚는 남성이 미간을 찌푸리고 있는 걸 보니 이 환자는 많이 아픈 것 같아요.

나   더 찾은 거 없나요? 좀 더 세세한 부분도 잘 살펴보세요.

학생A   아, 환자의 손이!

학생E   오, 왼손과 오른손 색깔이 달라요.

학생B 남자 쪽 손은 죽은 사람 같은 피부색인데 수녀님 쪽 손은 은은하게 핑크빛이 돌아서 생기있어 보여요.

학생C 확실하게 보이진 않는데 눈을 어렴풋이 뜨고 있는 건가? 얼굴 각도를 보면 시선이 아이에게 쏠려있는 것 같아요.

그림 독해에 익숙한 아이들이라면 15분 정도의 토론에서 이런 식으로 꽤 자세한 부분까지 관찰하고 어른들도 발견하지 못할 것 같은 부분, 말로 표현하기 어려운 부분까지 확실하게 파악한다.

여기까지는 객관적인 사실을 파악하는 것이라 진행자가 잘 유도하면 의외로 순조롭게 진행될 수 있다. 어른이 그림을 설명하는 형태가 되지 않도록 주의해야 한다. 어른이 해야 할 일은 '질문'을 던지는 것뿐이고 아이들이 스스로 발견할 수 있도록 도와주자.

자, 조금 어려운 것은 이제부터 할 '독해'다. 즉, 이 그림을 보고 무엇을 느꼈고, 그림에서 어떤 메시지를 읽었는지 말로 풀어내는 작업이다.

고등학생이라면 끝까지 혼자 힘으로 생각해야 하지만, 초·중학생에게는 아직 어려울 테니 다음과 같이 도움을 준다.

나 다양하게 잘 찾아냈네요. 이건 피카소가 열다섯 살 때 그린 〈과학과 자비〉라는 작품이에요. 여러분이 말한 것처럼 환자를 사이에 두고 과학을 상징하는 의사와 자비를 상징하는 수녀, 그리고 아이가 있습니다. 그럼 여기서 질

|문!| 피카소는 과학과 자비 중에서 죽어가는 사람에게 어느 쪽이 중요하다고 생각했을까요?
|모두| 아, 그런 거였구나. 그럼 무조건 자비죠!
|나| 맞아요. 환자의 손 색깔도 그렇고 수녀와 아이의 뒷벽이 밝은 것도 그렇죠. 빛이 자비 쪽을 비춰서 밝게 그린 것은, 피카소가 사람의 몸을 치료하는 과학보다 마음을 치유하는 사랑이 중요하다는 것을 전하고 싶었던 게 아닐까 하고 생각해 볼 수 있어요. 근데 보통 열다섯 살이 이런 구도를 생각할 수 있을까요? 이 그림이 발표됐을 때도 열다섯 살이 그린 거라고 믿지 않아서 난리가 났었다고 해요. 역시 피카소는 천재죠.

이러한 관찰 트레이닝을 몇 번 경험하기만 해도 아이들은 어떤 것이든 자세하게 관찰하면 보이지 않던 것이 보이고 세상이 다르게 보인다는 것을 깨닫고 관찰에 재미를 느끼게 된다. 그리고 자신을 둘러싼 세상의 모든 것을 마치 그림 관찰하듯이 차분히 바라보는 호기심 많은 아이로 바뀌게 된다.

보이지 않는 것을 해석하는,
최고의 문해력 만들기

 그림을 이용한 관찰 트레이닝을 꾸준히 해도 나무에만 집중하고 있으면 숲이 보이지 않는다. 앞서 소개한 관찰 트레이닝의 목적은 그림을 읽는 것이 아니라 어디까지나 '문장 독해력'을 기우는 것이다.
 갈고 닦은 관찰력을 활용하여 어떤 책을 읽어도 필자가 말하고자 하는 바를 올바르게 읽어내어, 한 권 한 권 깊이 있는 배움을 얻을 수 있는 '진정한 현명함을 가진 아이로 키우는 것'이 이 책이 지향하는 최종 목표다. 이제부터는 최종 목표를 향해 문장 독해를 잘하려면 왜 '보이지 않는 것을 보는 눈'이 필요한지에 대해 이야기 나눠보자.

THEME 1 아이는 〈짚대 장자〉*를 정말 이해했을까?

어느 날, 우리 학원에 초등학교 2학년인 여자아이가 체험 수업을 받기 위해 방문한 적이 있었다. 같이 온 어머니는 아이가 어릴 때부터 책을 많이 읽어주고 있다는, 교육열이 높으신 분이었다. 그런데 이미 읽어준 적이 있다고 한 〈짚대 장자〉 그림책을 다시 보여주고 대화를 나눠보니 아이는 '짚대'와 '장자', '관음보살'이라는 말의 의미도 모르고 내용을 전혀 이해하지 못하고 있었다.

즉, 가난한 남자 주인공이 처음에 무엇을 잡았고 마지막에 어떻게 된 건지 왜 그렇게 된 건지 내용을 전혀 모르고 있었다. 어머님은 크게 놀랐지만 여태까지 책 읽어주기가 왜 효과가 없다고 느꼈는지 원인을 깨달은 것 같았다.

여기서 생각해 볼 것은 이 아이가 옛날이야기를 이해하지 못한 원인이 단순히 '어휘력'만의 문제일까? 그렇다면 아이에게 사전을 주고 찾아보는 습관을 들이게 하면 문제는 해결된다.

하지만 나는 요즘 많은 아이들이 옛날이야기나 동화, 만화, 애니메이션, 심지어 교과서조차 이해하지 못하는 것은 단순히 어휘력 부족의 문제가 아니라고 생각한다.

그러면 도대체 무엇이 아이들의 독해력을 이렇게까지 무너뜨

---

* 가난했던 남자가 관음보살의 말을 따라 처음 만진 물건을 잘 간직하고 길을 나섰더니 물물교환을 통해 부자가 되었다는 일본 고전 동화. 우리나라의 〈좁쌀 한 톨〉 이야기와 비슷하다.

린 것일까? 여기에는 '눈에 보이지 않는 것을 이해하지 못한다'는 뿌리 깊은 원인이 숨어있다. 이 문제를 제쳐둔 채 매일 사전을 찾아가며 어휘력을 높이기 위해 반복 학습을 하더라도 자녀의 독해력은 그다지 좋아지지 않을 것이다.

우선 '짚대', '장자', '관음보살'이라는 단어를 사전에서 찾아보자.

짚대―벼 이삭의 대. 또는 짚의 줄기.
장자―① 덕망이 뛰어나고 경험이 많아 세상일에 익숙한 어른. ② 큰 부자를 점잖게 이르는 말. ③ 다 자란 사람. 또는 다 자라서 자기 일에 책임을 질 수 있는 사람. ④ 나이나 지위나 항렬이 높은 윗사람.
관음보살―[불교] 아미타불의 왼편에서 교화를 돕는 보살.

애초에 '짚대'라는 말조차 모르는 아이가 사전의 이 설명문을 읽고 이해할 수 있을 리가 없다. 그렇다. ==옛날이야기나 동화를 읽고 의미를 모르는 아이가 사전을 찾아봤자 모르는 말만 늘어날 뿐, 이야기를 이해하는 데에 도움이 되지는 않는다.==

아이가 이야기를 제대로 이해하거나 국어사전을 혼자서 사용할 수 있으려면, 2장에서도 언급했지만 글에 나오는 모든 사물과 장면을 떠올릴 수 있도록 미리 다양한 지식을 쌓고 오감으로 체험할 필요가 있다.

예를 들어 '짚대'를 사전에서 찾았을 때 자연에서 한 번이라도 '벼'나 '짚'을 보고 만진 적이 있다면 바로 이미지가 떠오를 것이다. 그런데 한 번도 논이나 목장에 가본 적이 없고 짚을 본 적이 없는 아이가 사전을 찾아본들 상상하기는 어렵다. '장자'도 마찬가지로 시대극을 본 적이 있다면 자연스럽게 옛날 부자의 집이나 생활상, 옷차림, 태도 등을 떠올릴 수 있을 것이다.

자, 여기서 어려운 것은 눈으로 본 적 없는 '관음보살'을 어떻게 이미지화시킬 수 있을까 하는 것이다.

'관음보살'이 어떤 존재인지 이해하지 못한 채로 보면 〈짚대 장자〉는 그저 단순히 '물물교환으로 부자가 된 남자 이야기'일 뿐이다. 그래도 재미는 있을 수 있지만 인생에 도움이 되는 교훈이 하나도 마음에 남지 않는 깊이 없는 이야기가 되어버린다.

그래서 읽어주기 전에 '관음보살'에 대해 알려주는 것이 중요하다. 어린아이니까 어렵게 말할 필요는 없다. 이 세상에는 눈에 보이지 않지만 우리를 지켜주거나 힘들 때 도와주는 하느님이나 부처님이 있는데 '관음보살'도 부처님 중 한 분이라는 것 정도만 이야기해 주면 된다. 말로만 해주는 게 아니라 가까운 신사나 절에 가서 신불을 친근하게 느끼게 해주거나 불상을 보여주면 이야기를 좀 더 쉽게 이미지화 할 수 있다.

즉, 오감으로 체험한 경험이 있으면 읽어주었을 때 리얼리티나 이해의 깊이가 완전히 달라진다는 뜻이다.

우리 학원에서 〈짚대 장자〉를 읽어줄 때는 먼저 '관음보살'이 어떤 존재인지 알려주고 "마음씨 고운 사람이 기도할 때 아주 가끔 계시가 들릴 때가 있어요. 다들 착한 아이니까 계시를 받을 수도 있겠네요. 오늘은 부처님의 계시를 들은 어떤 남자의 이야기를 읽어봅시다." 하고 신비한 이야기 세계로 아이들을 끌어들인 다음에 낭독을 시작한다.

그리고 계시를 들은 남자가 절 문을 나서다 넘어져서 짚대 한 가닥을 잡았을 때 낭독을 잠시 멈춘다.

나   어머, 남자가 중요한 순간에 넘어져서 처음에 지푸라기를 잡아버렸네요. 부처님께서 처음 잡은 걸 가져가라고 하셨는데…. 여러분이라면 어떻게 할 건가요?

학생A   음, 버려요! 왜냐면 넘어져서 나도 모르게 잡은 거잖아요? 멀쩡하게 걷다 보면 더 좋을 걸 잡을 수 있으니까 절로 돌아가서 다시 시작할래요.

학생B   저는 안 버릴래요. 왜냐하면 관음보살의 계시니까 따르는 게 좋을 것 같아요.

학생C   저도 어쩔 수 없으니까 그냥 짚대 가져갈래요.

학생D   저라면 넘어져서 지푸라기를 잡다니 아, 실패다 하고 생각하면서 포기하고 집에 갈 것 같아요

나   그렇구나. 다들 다르네. 자, 그럼 이 남자는 어떻게 하는지 다음을 읽어볼게요.

한 번 낭독을 멈춘 이유는 아이들이 '내가 주인공이라면 어떻게 할까'를 생각해 보고 주인공의 다음 행동과 이야기 결말에 더 깊은 흥미를 갖게 하기 위해서다.

중요한 것은, 이 남자가 눈에 보이지 않는 관음보살의 목소리(절을 나가서 가장 처음 잡은 것을 가지고 여행을 떠나라)를 듣고 아무런 의심 없이 그대로 믿고 행동한다는 것을 이야기 초반에 확실하게 인식시켜야 한다.

왜냐하면 이야기는 '과학적이지 않기 때문'이다. 과학이라면 언제, 어디서, 누가, 몇 번을 해도 같은 결과가 나와야 한다. 법칙으로 만들 수 없는 것, 재현성이 없는 것은 과학이 아니다.

즉, 이야기는 과학이 성립하지 않는 곳에서 이루어진다. 절에 간다고 해서 누구나 관음보살의 말씀을 들을 수 있는 것도 아니고 들린다 해도 이 주인공처럼 모습도 보이지 않는 존재의 목소리를 믿고 받아들여 행동하기 쉽지 않을 것이다.

어느 때, 어느 장소에서 주인공에게 일어난 한 번의 경험을 쓴 것이 이야기이기 때문에 **주인공의 '사고방식'과 '삶을 대하는 태도'가** 이야기의 결말에 **큰 영향을 미친다는 것을** 아이들이 깨닫지 **못하면 이야기를 읽는 의미가 없다.** 거기서 '교훈'을 도출하는 것이 독서의 묘미이기 때문이다.

그래서 읽기 전에 '이야기 세계로 끌어들이기', 읽는 도중에 '질문하기'는 매우 중요한 의미가 있다. 주입식 사고로 굳어진 아이들의 뇌를 풀어주고 끝없이 펼쳐지는 이야기의 세계를 여행할 수 있는 '공상의 날개'를 달아주는 것이다.

  이렇게 잘 유도하면 아이들은 주변 소리도 들리지 않을 정도로 이야기의 세계에 몰입하게 된다.

  그리고 읽기가 끝난 후 현실 세계로 돌아온 아이들에게 가장 먼저 해줄 일은 방금 읽은 이야기의 내용을 다시 확인하고 겉으로 보이지 않는 내용까지 읽을 수 있도록 도와주는 것이다.

나	남자는 계시를 믿고 짚대를 들고 걷기 시작했는데 그러자 어떤 일이 일어났나요?
학생	걸을 때마다 곤경에 처한 사람이나 남자가 가진 물건을 원하는 사람을 만났어요.
나	맞아요. 남자가 가진 물건은 하찮지만 누군가에게는 꼭 필요한 것이었죠. 남자는 너무 착해서 뭐든지 바로 건네주었는데 여러분이라면 그럴 수 있을까요?
학생	못할 것 같아요. 왜냐면 대가를 받을 수 있을지 없을지도 모르고 내가 갖고 싶은 것이라면 주지 않겠죠.
나	그렇죠, 이렇게 착한 사람은 잘 없을 거예요. 그럼 그거 말고 이 남자가 다른 사람들과 다른 점을 발견한 사람 있을까요?
학생	네. 부처님을 엄청 믿는다는 거요!
나	역시! 그럼 이건 믿음이 깊고 마음이 착한 사람은 행복해질 수 있다는 것을 알려주는 이야기라고 할 수 있겠네요.

이렇게 이야기를 읽은 후에 대화를 나누면 아이들은 '부처님을 공경하고 타인을 위해 내가 할 수 있는 일을 열심히 한다면 상대가 고마워하는 만큼 행복해질 수 있다'라는 〈짚대 장자〉의 교훈을 제대로 받아들일 수 있다.

어떤가? '보이지 않는 것을 보는 눈'을 가진 아이와 그렇지 않은 아이는 독서에서 얻을 수 있는 것이 확연히 다르다는 것을 느꼈는가?

이것은 어릴 때 읽는 옛날이야기나 동화에 국한된 것이 아니다. 문학의 기저에는 기독교 사상이나 불교 사상 등 모든 종교 철학이 깔려있기 때문에 이런 사상을 이해하지 못하면 어느 정도 수준 이상으로 독해력을 끌어올리기 어렵다.

이 정도 글을 깊이 이해한 아이는 대문호들과 마음으로 대화하며 한 권 한 권 귀중한 인생의 교훈을 파악하고 깊은 배움을 얻는 반면, 이해하지 못한 아이는 그저 표면적인 이야기를 따라가며 '아, 재밌다' 하고 끝이다.

그래서 문해력을 향상시키고 국어 실력을 키우려면 어렸을 때부터 되도록 '눈에 보이지 않는 것'을 부정하지 말고 상상력을 풍부하게 키워주어야 한다.

이야기의 세계는 산타클로스나 요정, 마법사, 드래곤 등과 같은 것들이 활보하는 세상이므로, 그런 존재에 대해 어릴 때 온 마음을 다해 긍정적으로 받아들인 아이는 진심으로 설레고 두근거리면서 판타지 세계를 모험할 수 있다.

그런데 어릴 때 이러한 존재들은 '지어낸 이야기다', '말도 안된다'며 부정당한 아이는 무엇을 읽어도 리얼리티를 느끼지 못하고 세계적인 명작도 즐기지 못한 채 상상력 없는 어른으로 자라게 된다.

놀이공원의 어트랙션을 실제로 체험하는 것과 사진이나 텔레비전으로 보는 것은 박진감과 긴장감, 유쾌함이 전혀 다르듯, '눈에 보이지 않는 것'의 세계를 어차피 지어낸 이야기라고 생각하면 독서의 매력은 반감, 아니 그 이하가 된다.

예전에 텔레비전에서 미국의 그림책 작가가 운영하는 독특한 작문 교실을 소개하는 것을 본 적이 있다. 그림책 작가는 '아이의 예술성을 높이려면 리얼한 거짓말을 얼마나 진실이라고 믿게 하는지가 중요하다'라는 신념을 가지고 자신의 그림책 뒤표지에 아래와 같은 가짜 광고를 넣었다고 한다.

편지를 보내주시면 대왕고래를 선물로 드립니다.

그에게 이 광고를 믿는 전 세계 아이들로부터 선물을 받고 싶다는 편지가 오는데, 그는 이렇게 답장을 보낸다.

관세법이 개정되어 배송할 수 없게 되었어요. 고래 사진을 보내드리니 고래에게 전화해 보세요.

사진에 있는 번호로 전화를 걸면 고래 울음소리가 들리고 아이는 일방적으로 고래에게 말을 걸 수 있다. 어떤 소년은 변성기가 지난 후에도 계속 고래에게 전화를 걸어 자신의 할머니에 대해 이야기했다고 한다.

나 역시 학원에서 아이들이 요정이나 요괴의 존재를 믿게 하려고 그야말로 눈물겨운 노력을 하고 있다.

예전에 막 학원에 다니기 시작한 초등학교 1학년 여자아이가 내게 나이를 물었을 때, "나는 장미의 정령이라 벌써 280년 정도 살았지." 하고 진지하게 대답한 적 있다. 처음에 반신반의했던 아이는 "요정이면 날개가 있어야 하는데 선생님은 없잖아요. 왜 날개가 안 보여요? 밤에는 어디서 자요?"라고 연달아 질문하기 시작했다. "날개는 너무 눈에 띄니까 학원에 올 때는 벗고 오지요. 밤에는 숲으로 돌아가고 작아져서 장미꽃 안에서 잔단다." 이렇게 대답하면 결국 믿어도 될지 헷갈려하며 눈동자를 이리저리 굴린다.

그럼 그로부터 일주일 후에 나와 머리 스타일과 체형이 비슷한 장미 요정 장식품을 가져와서 "이것 봐, 몸에서 내가 빠져나올 때 진짜 몸은 이렇게 돌처럼 작게 굳어버린단다."라고 말하며 방구석에서 몰래 장식물을 보여주었다. 그때부터 아이는 완전히 믿게 되어 1년 정도는 진짜로 나를 장미 요정이라고 생각했었다.

주문만 외우면 나도 마법을 쓸 수 있을 것 같아 필사적으로 긴 주문을 외우거나, 이 넓은 세상 어딘가에 드래곤이 있어 언젠가 볼 수 있을지도 모른다고 매일매일 하늘을 바라보는 것은 아이들만의 특권이다.

<mark>우리 어른들이 할 수 있는 것은 한 번 부러지면 두 번 다시 가질 수 없는 아이들의 '공상의 날개'가 무슨 일이 있어도 꺾이지 않도록 지켜주는 것</mark>. 하루라도 더 판타지의 세계를 마음껏 즐기는 아이로 두는 것이 아닐까?

내가 좋아하는 책 중에 《산타클로스가 정말 있나요?》라는 책이 있다. 1897년 미국의 여덟 살 소녀가 '산타클로스는 정말 있나요?'라고 신문사에 편지를 보냈고 한 기자가 애정을 담아 '산타클로스는 존재한다'고 대답한 실제 신문 사설을 책으로 만든 것이다. 읽어보길 추천한다.

그럼 마지막으로 이 책을 활용하여 '보이지 않는 것을 보는 눈'을 키우는 작문 트레이닝을 해보자.

THEME 2 '산타클로스는 존재하는가?' 작문

이 주제는 나이에 상관없이 어린아이부터 어른까지 누구나 즐길 수 있다. 여러분도 꼭 다음 작문에 도전해 보길 바란다. 먼저 자신의 생각을 200자 정도로 쓴 다음 《산타클로스가 정말 있나요?》 책을 읽고 진행해도 된다.

> **문제**
>
> 당신은 산타클로스가 세상에 존재한다고 생각하나요? 그렇다고 생각하는 사람도, 아니라고 생각하는 사람도 그 이유를 200자 정도로 써 봅시다. 그리고 《산타클로스가 정말 있나요?》를 읽고 난 다음, 생각이 어떻게 바뀌었는지 작문해 보세요.

자, 여러분은 첫 번째 질문에 어떻게 답했을까?

'산타클로스는 있다'고 진심으로 대답한 분은 분명 자녀를 문해력이 뛰어난 아이로 키울 수 있을 것이다. '산타클로스라니, 있을 리가 없잖아'라고 생각했다면 자녀가 국어를 싫어하는 것은 당신의 영향일 수도 있다.

이 질문에 '산타클로스는 없다고 생각한다'고 쓴 아이는 대부분 다음과 같은 이유를 든다.

- 부모님이 산타클로스인 척하고 선물을 두고 가는 것을 본 적이 있기 때문에.
- 크리스마스가 되기 며칠 전에 자동차 트렁크에 선물이 있는 걸 봤기 때문에.
- 편지에 소원을 써도 이루어진 적이 없어서.
- 하룻밤에 전 세계 모든 아이들의 집을 돌아다니는 건 불가능하니까.
- 집에 굴뚝이 없어서. 그런데 집에 들어가는 건 어려우니까.

꿈 없는 말들의 향연이다. 그리고 '불가능', '어렵다' 등 부정적인 말이 많은 것이 '눈에 보이지 않는 것'을 믿지 않는 아이들의 특징이다.

이렇게 현실적이고 어른스러운 말만 하는 아이를, 현실과 비현실 사이를 오가야 하는 국어 영역으로 끌어들이기는 정말 힘든 일이다.

나는 이런 아이를 만날 때마다 일대일로 차분히 이야기를 나눈다. 먼저 아이에게 산타클로스 전설의 기원을 알려준다. 산타클로스는 세인트 니콜라스라는 실존 인물이고, 니콜라스는 기독교 주교로 현재는 성인으로 추대되고 있다. 기독교에서 성인이란 생전에 기적을 일으켰다고 교회로부터 인정받은 덕망 높은 사람들로, 백년전쟁 때 프랑스군을 승리로 이끈 잔 다르크나 전 세계를 다니며 가난한 사람들을 도와 노벨 평화상을 수상한 마더 테레사 등이 유명하다.

니콜라스가 일으킨 기적은 여러 가지가 있지만 가장 많이 알려진 것은 아이들이 크리스마스이브에 머리맡에 걸어두는 '양말'에 얽힌 일화다.

어느 날, 그가 어떤 가난한 집 앞을 지나갈 때 집안에서 부모의 말소리가 들렸다. 너무나 가난한 나머지, 딸 세 명을 팔아야 하는 상황인 듯했다. 이를 불쌍하게 여긴 니콜라스가 창문에서 금화를 던지자 그 금화가 방 안에 걸려있던 양말 속으로 들어갔고, 가족들은 그 금화로 행복하게 살았다는 이야기다. 이렇게 생전에 많은 사람들에게 행복을 전했던 니콜라스의 모습이 산타클로스가 되어 지금까지 전해지고 있는 것이다.

그렇다면 니콜라스가 죽은 지금, 산타클로스는 존재하지 않는다고 할 수 있을까? 나는 역시 존재한다고 생각한다. 물론 눈에 보이는 실체가 아니라 '눈에 보이지 않는 힘'으로 말이다.

이렇게 생각해 보자. 우리가 절에 소원을 빌러 가서 '부자가 되게 해주세요'라고 기도했다고 해보자. 신이 '좋아, 알겠다'라며 우리 눈앞에 돈다발을 떨어뜨려 줄까? 그런 일은 일어날 리 없다. 신은 눈에 보이지 않는 세계에 살고 있으니 우리에게 해주는 것 역시 눈에 보이지 않는다. 절에서 돌아오는 길에 마침 아는 사장님을 만나 큰 계약이 순조롭게 진행되었다든지, 며칠 후에 갑자기 일에 대한 좋은 아이디어가 떠올랐다든지, 분명 그런 형태로 우리를 도와주지 않을까?

산타클로스의 힘도 그렇다. 즉, 사람의 힘이라는 것은 타인의 마음이나 물건을 얼마나 움직일 수 있는가를 말한다. 그런 의미에서 산타클로스의 힘은 지금도 아주 크다. 전 세계 사람들이 크리스마스이브에 산타클로스 흉내를 내며 가족이나 친구를 행복하게 해주려고 '사랑을 형태로 바꾸는 행동'을 하기 때문이다.

'산타클로스 같은 건 없다. 부모님이 선물을 두고 가는 것을 봤기 때문'이라고 부정적인 이유를 적은 아이들에게 해주고 싶은 말이 있다. 만약 당신의 눈에 선물을 두고 간 사람이 새하얀 수염의 산타클로스로 보이지 않았어도 산타클로스는 확실히 당신의 방에

온 것이다. 1년에 한 번, 엄마와 아빠의 마음이 움직여 선물을 주고 싶고 우리 아이를 웃게 하고 싶다고 생각하고 행동한다는 것은 틀림없이 산타클로스 그 자체이기 때문이다.

125년 전, 프란시스 처치 기자는 뉴욕 〈더 선〉의 사설에서 이렇게 썼다.

> 산타클로스가 있다는 것은 결코 거짓말이 아닙니다. 이 세상에 사랑이나 사람에 대한 배려, 진심이 있는 것처럼 산타클로스도 분명 있습니다. 이 세상에서 가장 확실한 것은 아이의 눈에도, 어른의 눈에도 보이지 않으니까요.

'눈에 보이지 않는 것을 본다'는 것은 결코 이상한 것이 아니다. 우리가 행동할 때는 반드시 그 안에 눈에 보이지 않는 생각이 담겨있다. 그것은 사랑이나 정의, 용기, 우정, 꿈, 희망 등이라고 불린다. 때로는 악, 증오, 질투 등과 같은 부정적인 것일 수도 있다.

어느 쪽이든 우리는 누구나 볼 수 없는 '생각'에 사로잡혀 현실을 살고 있다. 사물의 배후에 있는 '보이지 않는 생각'을 감지하는 힘, 그것을 자유롭게 말로 표현할 수 있는 힘, 그것이야말로 문해력과 표현력을 갖춘, 경지에 도달한 최고의 국어 실력이 아닐까.

국어를 가르친다는 것. 그것은 아이가 숭고한 생각과 풍부한 어휘를 키우게 하여, 그 생각과 어휘로 현실 세계를 더 나은 방향으로 움직이게 하는 힘을 갖게 되는 것과 다를 바 없다.

한 명이라도 더 많은 아이들이 찬란한 미래를 창조하는 힘이 될 '최고의 문해력'을 갖게 되길, 그리고 21세기를 이끌어 갈 아이들을 키우는 학부모님들이 국어 교육의 중요성을 이해하는 데에 이 책이 조금이나마 도움이 되길 바란다.

마치며

사람은 무엇을 위해 배우는가

　사람은 자신의 시야보다 넓은 세계에 살 수 없다. 시야에 따라 그 사람의 사고의 한계가 정해지기 때문이다. 여기서 말하는 '시야'란 물론 육안으로 보이는 범위를 말하는 것은 아니다. 시야를 넓힌다는 것은 나의 지식과 사고가 미치는 '시공간의 범위'를 넓히는 것을 말한다.

　어릴 때 지도나 지구본으로 본 세상은 매우 넓게 느껴졌지만 어른이 되고 나서 '세계는 의외로 좁구나'라는 생각이 들기도 한다. 그것은 우리가 물리적으로 커져서 그런 게 아니라 많은 지식과 경험이 쌓여, 어릴 때보다 시야가 넓어지고 인식할 수 있는 시공간의 범위가 넓어졌기 때문이다.

높은 시좌에서 다면적으로 사물을 본다면 같은 것을 보더라도 남들과 전혀 다른 시각으로 볼 수 있다.

수평선 너머로 사라지는 배를 보고 지구가 둥글다는 사실을 깨닫거나, 별이 가득한 밤하늘을 보다가 지동설을 밝혀내거나, 나무에서 떨어지는 사과를 보고 만유인력을 발견하거나.

모두가 별생각 없이 보는 풍경에서 역사를 바꿀만한 대단한 발견을 하게 될 수도 있다. 또한 곤란한 일이 생겨도 시야가 넓은 사람은 다른 사람들이 생각하지 못하는 해결 방법을 떠올려 위기를 벗어날 수 있기 때문에 늘 긍정적인 사고방식도 가지고 있다.

요약하면 **우리는 '관찰력'을 키울수록 자유롭게 어디에도 얽매이지 않는 인생을 살 수 있다.**

이 책은 '관찰'을 통해 문해력을 키우고 국어 실력을 높이는 책이지만, 넓은 의미에서는 학문의 영역을 넘어 자녀가 행복하게 살 수 있도록 돕는 책이라고도 할 수 있다.

요즘은 서로 다른 두 가지 학습관이 공존하고 있다. 오롯이 암기 공부와 정보 처리 훈련에만 시간을 쏟아 아이를 AI 로봇처럼 만드는 것이 좋다고 여기는 옛날 학습관과, 오감을 써서 세상을 체험하고 사고하게 하여 살아갈 힘을 길러주는 21세기식 새로운 학습관이다. 우리의 교육은 오랫동안 전자에 편중되어 있어서 아직까지도 교육 현장에는 옛날 학습관이 뿌리 깊이 남아있다. 학부모님 중에도 그런 방식이 아니면 공부하는 것 같지 않다는 분들이 아직도 많다.

그런 와중에 내가 지난 11년간 계속 주장하고 실천한 것은 효율이나 합리성을 추구하는 학원과는 정반대 방향으로, ==아이의 흥미와 관심을 돌려 '무엇을 위해 배우는가', '무엇을 위해 사는가'를 깊이 생각하도록 한== 것이다. 그런 교육을 받은 성인이 된 나의 제자들은 몇 년 전부터 학생들의 독서율 향상을 위해 '중·고등학생 비블리오 배틀(지식 평가 게임)' 대회를 1년에 한 번 뜻을 모아 기획 운영하기 시작했다. 공부와 동아리 활동 때문에 바쁠 학생들이 실행 위원회를 조직하고 몇 달을 거쳐 대회 준비를 하는 모습을 보며 매년 감동을 받는다.

여기에는 자신들의 세계를 관찰하고 문제를 발견하여 스스로 해결하기 위해 행동하는 젊은 '변혁가'의 자세가 있다. 무엇보다 아이들이 세상을 바꾸기 위해 선택한 도구가 '책'이라는 사실이 더할나위 없이 기쁘다. '스스로 책을 읽어서 성장할 수 있었다. 그 감동을 말로 전달하여 새로운 깨달음을 얻는다.' 이런 자각이 없다면 이 같은 활동에 적극적으로 참여할 리가 없다.

'관찰력'을 계속 키운 아이는 이렇게 스스로 타인을 응원하게 되고 사람을 성장시키는 쪽으로 나아간다. 나는 여기에 배움이라는 교육의 본질이 있다고 생각한다.

아마 여러분은 자녀의 성적을 본격적으로 올리고 싶은 마음에 이 책을 샀을 것이다. 물론 이 책에 쓰여있는 것을 실천하면 그런 눈앞의 학습 문제는 금방 해결될 것이다.

하지만 책을 다 읽어가는 지금, 여러분의 가슴 속에 '국어 점수가 조금 올라가는 것이 대수냐. 내가 우리 아이에게 정말 주고 싶은 것은 성적 올리는 기술 같은 게 아니라 격변하는 세계를 다양한 동료들과 손잡고 헤쳐 나가는 힘이다.' 이런 마음이 생겼다면 그만큼 기쁜 일은 없다.

언어는 미래를 개척하는 최강의 도구이고, 생각은 언어가 올바른 목적을 위해 쓰이고 있는지 항상 지켜보는 파수꾼이다. 그리고 '관찰력'은 말과 생각을 자유자재로 구사하기 위한 토대라고 할 수 있는 힘이다.

부디 아이들이 맑은 눈으로 자신이 사는 세상을 제대로 보길 바란다. 아이들의 눈에 비친 세상이 100년 후에도 200년 후에도 아름답기를 바라며 앞으로도 아이들과 함께 심오하고 신비한 세상을 계속 '관찰'하고자 한다.

이데아 국어 교실 원장
히사마츠 유리

가르치는 것은 희망을 말하는 것,
배우는 것은 성실을 가슴에 새기는 것.

_ 루이 아라공, 프랑스 작가

관찰력 수업

초판 1쇄 발행 2024년 1월 26일
초판 2쇄 발행 2024년 2월 22일

지은이 히사마츠 유리
옮긴이 장지현
펴낸이 김문식 최민석
총괄 임승규
책임편집 조연수
기획편집 박소호 이혜미 김지은 김민혜
　　　　　명지은 신지은 박지원
마케팅 조아라
디자인 배현정
표지이미지 Freepik.com

펴낸곳 (주)해피북스투유
출판등록 2016년 12월 12일 제2016-000343호
주소 서울시 성북구 종암로 63, 5층 (종암동)
전화 02)336-1203
팩스 02)336-1209

© 히사마츠 유리, 2024
ISBN 979-11-7096-110-9 (13590)

- 이 책은 (주)해피북스투유와 저작권자와의 계약에 따라 발행한 것이므로
  무단전재와 무단복제를 금지하며, 이 책 내용의 전부 또는 일부를 이용하려면
  반드시 저작권자와 (주)해피북스투유의 서면 동의를 받아야 합니다.
- 잘못된 책은 구입하신 곳에서 바꾸어드립니다.